Bibliothèque Populaire

ou

L'INSTRUCTION

MISE A LA PORTÉE DE TOUTES LES CLASSES
ET DE TOUTES LES INTELLIGENCES.

PAR MM. ARAGO, ARSENNE, AUBERT DE VITRY, ALEX.
BARBIE DU BOCAGE, E. DE BASSANO, BOBLAYE,
J. P. DE BÉRANGER, S. BÉRARD, L. BERGERON, T. BOIS-
SARD, ALEX. DE LABORDE, H. BOULAY DE LA MEURTHE,
BORY DE SAINT-VINCENT, BRESCHET, BRIARRE DE BOIS-
MONT, BUCHON, CHANUT, F. CUVIER, P.-J. DAVID,
DARCET, DARTHENAY, E. DUCHATELET, FAZY, FER-
DINAND DENIS, DEGÉRANDO, DROUINEAU, CH. DUPIN,
FRANÇAIS DE NANTES, GALLE, GASC, GAY-LUSSAC,
GEOFFROY-SAINT-HILAIRE, HUZARD, JOMARD, DE JOUX,
ADRIEN ET LAURENT DE JUSSIEU, LAS-CASES, DOMINI-
QUE ET VICTOR LENOIR, FRANCISQUE-MICHEL, DE MIR-
BEL, PH. LAURENT, ORFILA, PAULIN PARIS, VAL. PARISOT,
PIROLLE, DE PRONY, RÉAL, SAINTE-BEUVE, VILLERMÉ,

ET

AJASSON DE GRANDSAGNE,

CHARGÉ DE LA DIRECTION.

PARIS,

RUE SAINT-ANDRÉ-DES-ARCS, N° 30.

1832.

BIBLIOTHÈQUE POPULAIRE

OU

L'INSTRUCTION

MISE A LA PORTÉE DE TOUTES LES CLASSES
ET DE TOUTES LES INTELLIGENCES,

par

MM. ARAGO, AUBERT DE VITRY, A. BARBIÉ DU BOCAGE, E. DE BASSANO, BOBLAYE, J. P. DE BÉRANGER, S. BÉRARD, L. BERGERON, E. DE BEAUMONT, A. DE LABORDE, H. BOULAY DE LA MEURTHE, BORY DE SAINT-VINCENT, BRESCHET, BRIERRE DE BOISMONT, CHANUT, L. COUAILHAC, F. CUVIER, P. J. DAVID, DARCET, DARTHENAY, E. DUCHATELET, FAZY, FERDINAND DENIS, DEGÉRANDO, DROUINEAU, CH. DUPIN, FRANÇAIS DE NANTES, GALLE, GASC, GAY-LUSSAC, GEOFFROY-SAINT-HILAIRE, VICTOR HUGO, l'abbé HUNKLER, HUZARD, JOMARD, DE JOUY, ADRIEN ET LAURENT DE JUSSIEU, LAS-CASES, P. LAURENT, DOMINIQUE ET VICTOR LENOIR, H. MARTIN, FRANCISQUE MICHEL, DE MIRBEL, ORFILA, LOUIS et PAULIN PARIS, PARISOT, PIROLLE, DE PRONY, RÉAL, SAINTE-BEUVE, VILLERMÉ, TH. BURETTE, DELALANDE ADLEY, A. CHARDIN, LECOMTE, DEMÉZILE,

ET

AJASSON DE GRANDSAGNE,

CHARGÉ DE LA DIRECTION.

NOMS
DES FONDATEURS.

—

M. AJASSON DE GRANDSAGNE.
Le duc de BASSANO (pair de France).
M. BEAUNIER (inspecteur des mines).
M. S. BÉRARD (député).
Le comte Alexandre DE LABORDE (député).
M. H. BOULAY DE LA MEURTHE.
M. BOULLAY (de l'Académie royale de Médecine).
Le marquis de CHATEAUGIRON.
CHAULET (Agent de change).
Le duc de CHOISEUL.
M. DARCET (de l'Institut).
M. P.-J. DAVID (de l'Institut).
M. DURIEX.
M. Ambr. FIRMIN DIDOT.
Le comte FRANÇAIS DE NANTES (pair de France).
M. GALLE aîné (de l'Institut).
M. JOMARD (de l'Institut).
M. LEMAIRE aîné (d'Angers).
M. Dominique LENOIR.
M. LETELLIER (inspecteur des ponts-et-chaussées).
M. MALPIÈCE, architecte du gouvernement.
Le général MATHIEU DUMAS (pair de France).
M. ODIOT père.
Le baron DE PRONY (de l'Institut).
Le comte RÉAL (conseiller d'état à vie).
Lord SEYMOUR.
M. le Dr C. A. TEISSIER.
Mlle Juliette DE VILLENEUVE.

CHRONOLOGIE,

OU DATES

DES ÉVÉNEMENS

LES PLUS REMARQUABLES,

PAR

E. DUCHATELET,

Élève de l'école des Chartes.

PARIS,

RUE ET PLACE SAINT-ANDRÉ-DES-ARTS, N° 30.

1832.

IMPRIMERIE DE FIRMIN DIDOT FRÈRES
Rue Jacob, n. 24.

INTRODUCTION.

La chronologie est la science des temps : elle nous apprend à assigner à chaque événement remarquable une époque et une date certaines. Cette méthode de résumer l'histoire par époques et par dates est fort ancienne. Elle présente, pour l'étude de l'histoire, une grande facilité, en ce qu'elle formule par une date, que l'on peut retenir aisément, les faits historiques les plus remarquables.

La chronologie repose sur quatre fondemens principaux : la tradition, les observations astronomiques, les monumens archéologiques, tels qu'inscriptions et médailles, enfin, les époques constantes de l'histoire.

Pour l'étude de la chronologie, on se sert de plusieurs termes techniques qu'il est nécessaire de connaître. Les plus usités sont : l'anachronisme et le synchronisme, l'ère, les cycles, les olympiades, les indictions, les épactes, la période Julienne, etc.

L'*anachronisme* est une faute contre la chronologie.

Il y a *synchronisme* lorsqu'il y a co-existence de deux faits à une même époque.

Le mot *ère* signifie un point fixe et déterminé d'où les peuples commencent à compter les années. L'origine de ce mot est incertaine : on le fait venir du mot latin *æs* (airain), parce que les peuples anciens avaient la coutume de marquer les années avec de petits clous d'airain. Il y a diverses ères particulières à différens peuples.

Voici les plus célèbres :

L'ère des *olympiades*, qui consistent dans une révolution de quatre années, est la plus ancienne et la plus célèbre : elle est ainsi nommée des jeux olympiques célébrés en Grèce tous les quatre ans. Les Grecs s'en sont servis pour compter leurs années ; les Latins l'ont adoptée ensuite. La première olympiade commence l'an du monde 3228, et 776 avant l'ère vulgaire.

L'ère de *Nabonassar*, roi de Babylone, qui commença à régner l'an du monde 3257, et 747 ans avant l'ère vulgaire.

L'ère des *Séleucides* ou ère des Grecs. Elle commence au règne de Séleucus Nicanor, l'an du monde 3692, et trois cent douze avant l'ère vulgaire.

L'ère d'*Espagne*, qui commence à l'an du monde 3966 et trente-six ans avant l'ère vulgaire.

L'ère *Julienne* ou de Jules-César, qui précède de quarante-cinq ans notre ère vulgaire, a pour époque la réforme du calendrier romain, par César, qui composa l'année commune de trois cent soixante-cinq jours : elle date de l'an 3958 du monde.

L'ère de *Jésus-Christ* commence à l'année de sa naissance; elle diffère de l'ère vulgaire, dont se servent les chronologistes, en ce qu'elle la précède de quatre ans: elle commence l'an du monde 4000, tandis que l'ère vulgaire date de l'an du monde 4004 de J.-C. 4 : il n'y a donc que quatre ans de différence.

L'ère de l'*hégire*, dont se servent tous le mahométans, a pour époque le jour où Mahomet s'enfuit de la Mecque à Médine. Cette ère date du 16 juillet 622 de notre ère vulgaire.

L'ère de *Constantinople*, dont se servirent les Grecs modernes, et plus tard les Russes, jusqu'à Pierre-le-Grand. Elle commence à la création du monde, et répond, comme dans notre ère vulgaire, à la dernière de la 194e olympiade, et à la première de la 105e. L'année actuelle des Russes commence le 12 janvier, douze jours plus tard que notre année commune. Elle commençait primitivement le 1er septembre.

Il y a encore plusieurs autres ères moins célèbres et dont on a fait moins fréquemment usage, ce sont : l'ère d'*Alexandrie*, l'ère *mondaine d'Antioche*, l'ère de *Constantinople*, l'ère *césaréenne d'Antioche*, l'ère *des Martyrs*, l'ère *Actiaque* ou *des Augustes*, l'ère *gelaléenne*, l'ère des *Arméniens* et l'ère de *Tyr*.

On divise les *cycles* en cycles solaires, cycles lunaires et cycles *decemnovennaires* ou de 19 ans.

Le cycle solaire est une révolution de vingt-huit ans, le cycle lunaire est une période de dix-neuf ans, inventée par Méton, Athénien, qui observa qu'après dix-neuf ans, la lune recommençait les mêmes lunaisons. Le cycle de dix-neuf ans est pris quelquefois par erreur pour le cycle lunaire. Ils ne coïncident pas, quoique ayant la même durée. La différence est que le cycle de la lune commence trois ans plus tard que le cycle de dix-neuf ans, appelé aussi *nombre d'or*.

Les *indictions* sont une manière de compter dont se servaient les Romains : elles contiennent une révolution de quinze années. Les papes s'en servent encore dans leurs bulles et rescrits apostoliques.

Les *épactes* sont un espace de onze jours que l'on ajoute à l'année lunaire, qui n'est que de trois cent cinquante-quatre jours, pour la faire égaler l'année solaire commune, qui est de trois cent soixante-cinq.

La période *julienne* est une ère fictive inventée par Jules-Joseph Scaliger, pour faciliter la réduction des années de toute époque donnée, à celles de toute autre époque. Elle se compose de sept mille neuf cent quatre-vingts années, lequel espace de temps est formé par la multiplication des vingt-huit années du cycle solaire, des dix-neuf années du cycle lunaire et des dix-neuf autres du cycle décemnovennaire, dont le total général donne sept mille neuf cent quatre-vingts années.

Des éclipses. La connaissance des éclipses de soleil et de lune est encore d'une importance essentielle pour assurer la position de plusieurs faits dans l'ordre chronologique.

Comme les connaissances astronomiques permettent de calculer avec la plus grande précision non-seulement toutes les éclipses qui arriveront, mais encore celles qui ont eu lieu, on parvient à préciser les dates d'événemens qui coïncident avec ce phénomène céleste : par exemple, une bataille qui a eu lieu pendant une éclipse de soleil, etc.

Des époques. Les époques servent à la chronologie, en ce qu'étant des points fixes et constans, avoués de tout le monde, l'historien peut les considérer comme des points de départ qui lui servent à débrouiller les endroits les plus embarrassans et les plus obscurs de l'histoire des nations.

Il est à observer que dans les dénominations d'époques par siècles, on antidate de cent ans ; ainsi, par exemple, on a dit *dix-neuvième siècle* dès que l'année 1800 a été révolue : ce dix-neuvième siècle (dans lequel nous sommes) a donc commencé au 1er janvier 1801.

On peut diviser toute la science chronologique en deux grandes époques : la première comprend le temps qui s'est écoulé depuis la création du monde jusqu'à Jésus-Christ, et que nous appellerons histoire ancienne; la seconde comprend le temps qui s'est passé depuis la naissance de Jésus-Christ jusqu'à nos jours: nous l'appellerons histoire moderne.

Ces deux grandes époques pourraient encore se subdiviser en temps fabuleux, temps obscurs et temps historiques.

Age et durée du monde. L'âge du monde jusqu'à Jésus-Christ est très incertain. Les annales des Japonais, des Chinois et des brahmines remontent à plusieurs millions d'années. Abydenès, qui a confondu les jours avec les années, donne à l'ère babylonienne quatre cent soixante-dix mille ans, et la chronique égyptienne fait remonter l'âge du monde à trente-six mille cinq cent vingt-cinq années. La découverte du zodiaque de Denderah lui assignerait également une durée bien reculée. Sans nous arrêter à ces différentes hypothèses pour le moins incertaines, nous nous conformerons aux données des annales de Moïse et à l'idée reçue qui assigne au monde une durée de cinq mille huit cent trente-deux ans.

Ainsi donc on ne peut nier qu'il n'y ait de l'incertitude et de l'obscurité dans la chronologie. Il y a surtout une grande confusion dans la chronologie des Égyptiens, des Assyriens et des Perses, qui souvent ont donné le même nom à des princes différens.

La même confusion règne 1° dans l'histoire du peuple hébreu par le peu de concordance de la version biblique des Septante et de la Vulgate, et les dates des années des juges d'Israël; 2° dans les ères qui ne sont pas les mêmes chez les différentes nations; 3° enfin dans les contestations nombreuses qui se sont élevées sur l'année de la naissance de Jésus-Christ. Les temps primitifs de l'histoire surtout, ne sauraient être fixés exactement; la première chronologie certaine et positive, ainsi que les temps historiques, ne remontent guère plus haut que la première olympiade.

CHRONOLOGIE,

OU DATES

DES ÉVÉNEMENS

LES PLUS REMARQUABLES.

TRADITIONS FABULEUSES

CHEZ DIFFÉRENS PEUPLES.

(Ans av. J.-C.)

4,000,000 Règne de Brahmah selon les traditions brahmines.

2,362,000 Règne de Tensio-daï-tsinn, premier daïri des Japonnais.

2,276,479 Commencement des périodes chinoises appelées *ki*.

72,0000 Ère des Caldéens.

47,0000 Ère des Babyloniens.

10.0000 Ère des anciens Perses ou Mages. Premier roi Mahabad.

30,000 Ère des Phéniciens.

21,000 Règne de Tou-hi, selon les annales chinoises.

NOTA. Il est inutile de faire observer que les dates vont à reculons jusqu'à la naissance de Jésus-Christ.

6800 Les géans Misor et Sydie, suivant Sanchoniaton, gouvernent les Phéniciens. On
trouve dans les annales de Sanchoniaton le
berceau de la mythologie grecque.

6333 Expédition d'Osiris dans l'Inde. Les villes s'é-
tablissent. Fondation de Thèbes dans la
Haute-Égypte.

5684 Commencement des trente-deux dynasties égyp-
tiennes. Menès Ier fonde Memphis.

5509 Ère des Grecs modernes.

5500 Ère de l'église grecque d'Alexandrie suivant
la version des Septante.

4905 Commencement de la quatrième dynastie égyptienne, dite des Memphites.

4351 Création du monde selon les Samaritains.

4217 Règne de Nictocris, reine d'Égypte.

4059 Neuvième dynastie égyptienne, dite des Hé-
racléopolites. 19 rois. — *Création du premier homme*. Tous les peuples dans leurs
traditions s'accordent à faire descendre la
race humaine d'un premier homme; mais la
plupart sont peu d'accord sur la date de sa
création et sur le nom qu'il a porté. Selon les
Chinois, il se nommait Pôank-où et naquit
vers l'année 2,276,479; selon les Arabes,
il fut créé l'an du monde 5,585 et porta le
nom de Safi. Selon Alphonse, roi d'Espagne,
le premier homme fut créé l'an 6,984; selon
Eusèbe, l'an 5199; enfin, selon les livres hébreux suivis par les historiens modernes de

l'Europe, la création du monde et la naissance d'Adam eurent lieu l'an du monde 4004.
Presque tous les peuples ont cru à un âge
d'or et ont admis la fiction de l'Héden ou
paradis terrestre, où ils ont placé un premier couple, dont la vie devait être heu-
reuse et éternelle, sans leur désobéissance
envers leur créateur, qui les fit exclure de
ce lieu de délices, et les soumit au travail
et à la mort. Cette croyance, qui est visible-
ment orientale, sera passée de là dans les
livres de Moïse.

§ I. — *Depuis la création du monde jusqu'à Moïse.*

4004 Création du monde et naissance d'Adam.

3817 Règne de Rama (le Bacchus indien) selon les
    traditions brahmines.

3674 Conquêtes d'une partie de l'Asie par les Perses.

3406 Douzième dynastie égyptienne, des Diospolites.

3074 Mort d'Adam : selon quelques chronologistes il
    vécut neuf cent trente ans.

2965 Règne de Menès ou Misraïm en Égypte. Il est
    regardé comme le Mercure égyptien.

2948 Règne de No ou Noé.

2793 Quatorzième dynastie égyptienne, dite des
    Xoïtes. 77 rois.

2776 Naissance d'Héber, qui donna son nom aux
    Hébreux.

2670 Ère dés Mexicains.

2640 Nemrod ou le Bélus babylonien fonde Babylone.

2609 Quinzième dynastie égyptienne, des Hyskos ou
rois pasteurs.

2455 Seizième dynastie égyptienne, dite des Ta-
nites.

2222 Mort de Noé; naissance d'Abraham ou Ibraïm.

2205 Fondation de la première dynastie impériale
des Chinois, appelée *Hia*.

2180 Les Pelasges en Grèce.

2105 Déluge de Noé, suivant les livres des Juifs
modernes. Presque toutes les traditions anciennes des peuples parlent d'une grande
révolution opérée par une inondation univer-
selle. Selon les Juifs, le déluge eut lieu sous
Noé; selon les Grecs, sous Ogygès, Inachus et
Deucalion; selon les Indiens sous Sarasvia-
ta, et suivant les traditions brahmines sous
le septième Menou Ikaonakou. Les Mexicains
parlent aussi d'un déluge, auquel survécu-
rent seulement deux individus. Il y a de
l'incertitude sur la date du déluge de Noé :
quelques-uns le placent en 3944, d'autres en
2348, 2344. Cette dernière date correspond à
l'an du monde 1656, d'après les Hébreux.

2100 Règne d'Éric Ier, roi de Suède selon les annales
du nord.

2088 Vocation d'Abraham. Il meurt en 1926.

1900 Dynastie des conquérans égyptiens devenus dieux de la Grèce.

1821 Joseph devient ministre du roi d'Égypte, Pharaon, Ramessès, Myamum.

1794 Mort du patriarche Jacob.

1740 Mort de Joseph en Égypte.

1732 Expédition de Sésostris et de ses compagnons, en Égypte.

1676 Naissance de Moïse. Il est recueilli sur le Nil par la fille du Pharaon d'Égypte.

§ II. — *Depuis Moïse jusqu'à la fondation de Rome.*

1660 L'Attique est ravagée par des brigands qui forçaient les voyageurs à lutter contre eux, et les massacraient ensuite.

1653 Mort de Job, patriarche hébreu.

1636 Moïse est forcé de fuir l'Égypte pour avoir tué un Égyptien qui maltraitait un Hébreu. Les Hébreux sont esclaves en Égypte.

1597 Moïse quitte l'Arabie et revient en Égypte après quarante ans d'exil.

1595 Les Hébreux émigrent en Arabie ; arrivés aux pied du mont Sinaï, Moïse leur donne des lois et en fait le dénombrement.

1582 Arrivée de l'Égyptien Cécrops dans l'Attique ; il fonde une colonie et y bâtit une bourgade. Le règne de Cécrops est l'ère des Athéniens et la première époque de la chronologie des marbres de Paros. Ces marbres, qui forment une chronologie précieuse pour la connaissance de l'histoire grecque avant la première olympiade, depuis l'an 1482 ont été transportés en Angleterre par lord Arundel. Quelques historiens attribuent cette chronologie à un roi de la dynastie ægypto-macédonienne des Ptolémée.

1562 Les *Man*, peuples barbares du Midi, ravagent la Chine, gouvernée par Tchong-ting.

1556 Second dénombrement des Israélites, par Moïse et Éléazar.

1522 Première ligue des peuples de la Grèce. Assemblée des chefs aux Thermopyles.

1520 Selon les annales de l'Irlande, cette île reçoit son nom d'*Hibérus*, fils d'un roi calédonien et d'une fille d'un Pharaon d'Égypte.

1500 Émigration des Phéniciens en Numidie.

— Dorus fonde l'état des Doriens. Corinthus, descendant de Jupiter, fonde Corinthe. Fondation de Cures, en Italie, par Sabin, chef du peuple, qui porta ce nom depuis.

1481 Servitude des Israélites sous les Philistins et les Moabites.

1480 Fondation de Lacédémone. Expédition de Bacchus dans l'Inde.

1455 Vingtième dynastie égyptienne. Rétablissement de la république chez les Phéniciens.

— Minos règne en Crète, Éaque en Thessalie, et Rhadamante dans l'île d'Eubée.

1420 Janus aborde en Italie, il s'allie à l'Égyptien Saturne. Fondation du Latium.

1400 Tros donne le nom de Troie à la ville de Dardanie.

1383 Troisième servitude des Israélites sous les Chananéens.

1323 Quatrième servitude des Israélites sous les Madianites ; elle dura sept ans. Ils en furent affranchis par Gédéon, qui devint leur quatrième juge.

1300 Orphée. Hercule. Thésée ; ses aventures. Fondation d'Herculanum.

1291 Expédition des Argonautes dans la Colchide. Toute la Grèce y contribue.

1259. Fondation de Carthage par les Tyriens.

1252-1242 OEdipe règne à Thèbes. Guerre de Thèbes, dite des Sept-Chefs et des Épigones. Combat et mort d'Étéocle et de Polynice.

1228 Cinquième servitude des Israélites sous les Philistins ; elle dura dix-huit ans : ils en furent affranchis par Jephté, qui les gouverna pendant six ans.

1210-1209 La ville de Troie, assiégée par toutes les forces de la Grèce réunies, est prise après un siége de dix années. Agamemnon, Achille, Patrocle, Ulysse, Hector, Priam ; temps héroïques. Les princes grecs se dispersent ; l'insuffisance de leurs connaissances nautiques les égare sur les mers ; jetés avec les débris de leurs flottes sur de nouvelles plages, ils étendent les communications avec les hommes et répandent au loin les lumières.

1207 Énée aborde en Italie avec ses compagnons; il y fonde Lavinium. Vers le même temps, Ulysse fonde la ville d'Olysis ou Olysippo, Lisbonne, au dire des Portugais.

1175 Sixième servitude des Israélites sous les Philistins : elle dura quarante ans.

1159 Samson, douzième juge des Israélites, les affranchit de la servitude.

1150 Fondation de la république de Thèbes.

1138 Vingt-unième dynastie égyptienne.

1129 Retour des Héraclides ou descendans d'Hercule dans le Péloponèse; ils y fondent plusieurs royaumes.

1122 Troisième dynastie chinoise, dite des Tschou, fondée par Ou-Oang.

1095 Mort de Codrus, roi des Athéniens. Il se sacrifie pour obéir à l'oracle qui avait prédit la victoire aux Héraclides, faction qui lui était opposée dans Athènes, s'ils épargnaient ce prince.

— Ligue Achéenne ou fédération des républiques grecques. Fin des temps héroïques.

1079 Les Israélites demandent un roi. Malgré le refus de leur juge Samuel, ils élisent Saül, de la tribu de Benjamin. Il est remarquable qu'au moment où les Grecs adoptent pour gouvernement la forme républicaine pure, les Israélites, las de la république théocratique, établissent la monarchie élective, puis enfin héréditaire dans la famille de David.

1077 Ligue Ionique ou fédération des villes d'Ionie dans l'Asie mineure.

1059 Règne de David. Il défait plusieurs fois les Philistins.

1031 Naissance d'Homère. Sept villes se disputent l'honneur de l'avoir vu naître.

1019 Mort de David; son fils Salomon lui succède.

1015 Fondation du temple par Salomon, d'après l'idée de David.

1008 Vingt-deuxième dynastie égyptienne, dite des Bubastites.

1000 Règne de Bouddah, fondateur du bouddhisme, religion des peuples de l'Asie méridionale.

983 Séparation d'Israël.

980 Mort de Salomon. Son royaume est partagé en royaumes d'Israël et de Juda. Roboam règne sur Juda, Jéroboam sur Israël.

976 Prise de Jérusalem, capitale du Royaume de Juda, par Sesac, roi d'Egypte.

944 Le poète Hésiode fleurit en Grèce.

894 Lycurgue parcourt la Grèce et se retire dans l'île de Crète, pour méditer sur les lois des peuples.

888 Règne de la reine Didon à Carthage.

884 Lycurgue revient, après un exil volontaire de dix ans, à Lacédémone, sa patrie. Il apaise les discordes civiles, et donne à ses compatriotes des lois basées sur celles de Minos.

Le gouvernement était mixte et formé de trois pouvoirs. Il y eut deux rois, dont le pouvoir se bornait à commander les armées ; un sénat était chargé de discuter les lois : la sanction ou le rejet de ces lois appartenait au peuple seul.

884 Renouvellement des jeux Olympiques en Grèce par Iphitus.

883 Joas sauvé par le grand-prêtre Joïada du massacre ordonné par Athalie, fille d'Achab, roi d'Israël, est mis sur le trône de Juda. Sa tyrannie révolte son peuple. Il périt assassiné.

827 Règne de Procas, successeur d'Aventinus dans le Latium.

820 Les Syriens sont chassés du royaume d'Israël par Jéroboam II, qui leur reprend toutes leurs conquêtes.

811 Première guerre de Messène. — Les Spartiates s'emparent de plusieurs villes messéniennes, et en massacrent les habitans.

801 Fondation de Capoue dans la Campanie.

800 Règne de Numitor, fils de Procas, dans le Latium. Il est détrôné par son frère Amulius.

776 Commencement de la première Olympiade. Cette époque sert de point de départ et de base à la chronologie des Grecs.

771 Naissance de Romulus et de Rémus, fils de Rhéa Sylvia. Amulius ordonna de les jeter

dans le Tibre. Ils furent sauvés par le berger Faustulus qui les confia à sa femme, appelée *Lupa* ou *la Louve*, parce qu'elle était adonnée à toutes sortes de débauches. De là cette tradition que Romulus et Rémus avaient été allaités par une louve. (1).

770 Mort de Sardanapale. L'empire des Assyriens est démembré. Il est divisé en trois grandes régions : l'Assyrie, la Babylonie et la Médie. Ninus-le-Jeune règne à Ninive, Bélosis sur les Babyloniens, et Arback sur les Mèdes.

— Établissement des éphores à Sparte.

753 Fondation de Rome par Romulus et Rémus. Romulus tue son frère Rémus. Pour peupler sa nouvelle ville, Romulus ouvrit un asile aux proscrits, aux malfaiteurs et aux esclaves fugitifs. Il s'appliqua ensuite à donner une organisation politique et des lois à ce singulier peuple. Il le divisa en douze curies. Il institua un sénat pour régler les affaires publiques. La constitution du nouvel état fut toute aristocratique. Les patriciens seuls avaient entrée au sénat, et le peuple n'avait que le seul droit de se choisir des patrons dans la classe patricienne.

(1) Quelques années après, ils sont reconnus par Amulius, leur oncle.

§ III. — *Depuis la fondation de Rome jusqu'à Alexandre.*

767. Ère de Nabonassar. L'étude des sciences, surtout l'astronomie, fleurit à Babylone.

— Les annales du Nord parlent d'une grande ba aille livrée vers la même époque, où un roi de Suède, nommé Rodérik, défit les Russes et les peuples slaves.

— Les Romains et les Sabins font la paix et se confondent en un même peuple.

746 Établissement de la république à Corinthe.

743 Continuation de la guerre entre les Messéniens et les Lacédémoniens.

742 Vingt-cinquième dynastie égyptienne, dite des Éthiopiens.

718 Dynastie des Mermnades, en Lydie.

— Siége et prise de Samarie par Salmanazar, roi d'Assyrie. Destruction du royaume d'Israël. Les Juifs sont amenés captifs à Ninive.

716 Romulus est assassiné par les sénateurs. Inter- règne. Numa lui succède.

— Mort de Salmanazar. Sénachérib son successeur, ravage la Judée.

710 Règne de Déjocès dans la Médie. Civilisation des Mèdes.

688 Holopherne, général du roi d'Assyrie, est as- sassiné par une Juive, nommée Judith.

687 Nouvelle guerre entre Lacédémone et Messène. Défaite des Lacédémoniens.

687 Gouvernement des douze rois égyptiens.

684 Rétablissement des archontes à Athènes. Cette magistrature, qui avait déjà été réduite à dix ans, devient annuelle.

670 Psammitichus met fin au gouvernement des douze rois en Égypte. Vingt-sixième dynastie égyptienne.

— Fondation de Byzance par les Grecs.

669 Combat des Horaces et des Curiaces. Albe est réunie à Rome.

647 Règne de Phraotès, successeur de Déjocès. Réunion des deux royaumes des Mèdes.

640 Mort de Tullus Hostilius, troisième roi de Rome.

625 Règne de Nabopolassar, père de Nabuchodonosor-le-Grand.

624 Lois de Dracon. La rigueur extraordinaire de ces lois montre l'état de démoralisation où étaient tombés les Athéniens.

620 Thalès de Milet, philosophe grec, se rend en Égypte, auprès des prêtres de ce pays pour se former à la sagesse.

616 Le roi d'Égypte, Néchao équipe une flotte qui fait le tour de l'Afrique, découvre le cap de Bonne-Espérance, et revient par les colonnes d'Hercule et la Méditerranée. Ce voyage dura trois ans.

— Règne de Tarquin-l'Ancien à Rome.

610 Thalès revient en Grèce. Les Grecs lui sont redevables d'une foule de connaissances utiles,

et de notions géométriques et astronomiques,
qu'il avait recueillies en Égypte.

600 Fondation de Marseille par les Phocéens.

599 Naissance de Cyrus.

598 Siége de Jérusalem par Nabuchodonosor. Seconde captivité des Juifs à Babylone.

594 Solon donne des lois à Athènes. Ce peuple qui, avant lui, avait fait usage des lois de Lycurgue, de Dracon et d'Épiménides, les abolit toutes. Solon rétablit l'aréopage.

588 Fin du royaume de Juda. Émigration des Juifs en Égypte, ils y sont poursuivis par Nabuchodonosor.

578. Règne de Servius Tullius, sixième roi de Rome. Il modifie le code de lois laissé par Romulus et Numa.

566 Usurpation du pouvoir à Athènes par Pisistrate. Établissement de la tyrannie.

559 Mort de Solon. Pisistrate est renversé.

552 L'ère et l'empire des Arméniens commencent.

540 Après avoir parcouru l'Inde, l'Asie mineure et l'Égypte, Pythagore revient en Grèce, et fonde l'école philosophique de son nom.

536 Mort d'Astyage, roi des Perses et des Mèdes, et aïeul de Cyrus. Cyrus devient maître de l'Asie, et la divise en cent vingt-six provinces. Il affranchit les Juifs de la captivité, et leur permet de retourner à Jérusalem, et de rebâtir le temple.

634 Règne de Tarquin-le-Superbe, septième et
dernier roi de Rome.

529 Mort de Cyrus. Les circonstances de sa mort
sont inconnues. On prétend qu'il fut tué par
une reine des Amazones appelée Thomiris.

525 Conquêtes de Cambyse en Égypte. Elle devient une province de l'empire des Perses.

510 Prise de Babylone par Darius.

509 Établissement de la république à Rome. Éta
blissement des consuls. Tarquin est chassé
de Rome. Guerre des Romains contre Por-
senna, roi des Étrusques.

503 Rome est en guerre avec presque tous les peuples d'Italie. Défaite des Sabins et des
Veïens.

— Législation de Confucius (Cong-fut-zée) en
Chine. Rétablissement de l'ancienne monarchie. Il est l'auteur d'un grand nombre de
livres qui ont trait à la morale, à la religion
et à l'art de gouverner.

498 Invasion des Perses dans les colonies grecques
de l'Asie mineure. L'Ionie et la Carie tom-
bent au pouvoir de Darius.

493-491 Création des tribuns du peuple à Rome.
Exil de Coriolan. Il se retire chez les
Volsques.

— Réforme de la religion des mages par Zoroastre.

490 Invasion de Darius en Grèce. Bataille de Ma-
rathon. L'immense armée des Perses est dé-

faite par les Grecs sous le commandement de
Miltiade. Cette bataille est un des événemens
les plus remarquables de l'histoire grecque.

486 Mort de Darius.

480 Aristide est banni d'Athènes. Xercès, successeur de Darius, recommence la guerre.
Combat des Thermopyles. Prise d'Athènes
par les Perses.

479 Les Grecs perdent la bataille de Platée.

470 Le poète Sophocle fleurit à Athènes.

459 Division des Grecs. Guerre entre les Athéniens
et les Lacédémoniens.

449 Artaxercès Longue-Main rend la liberté aux
colonies grecques et renonce à la guerre.
C'est ici l'époque la plus éclatante de l'histoire de la Grèce. Les arts, les lettres et les
sciences y brillent d'un vif éclat. Périclès,
Aristide, Sophocle, Pindare, Socrate, Platon, Aristophanes, Démosthènes fleurissent
dans ce siècle.

426 Les Lacédémoniens ravagent l'Attique.

424 Mort d'Artaxercès Macrochir ou Longue-Main.
Établissement de l'oligarchie à Athènes.

405 Défaite des Athéniens par le Lacédémonien Ly-
sandre. Athènes est réduite à la dernière
extrémité.

403 Destruction de l'oligarchie à Athènes par Thra-
sybule.

401 Retraite des dix mille dont le récit a été écrit
par Xénophon.

395 La loi agraire est promulguée à Rome, elle
occasionne des troubles violens. A Athènes
Socrate, accusé par les prêtres de corrompre
la jeunesse et de mépriser les dieux, est
condamné à boire la cigüe.

390 Invasion des Gaulois en Italie. Après de grands
succès Brennus, leur chef, vient mettre le
siége devant Rome; il est repoussé par Ca-
mille.

363 Bataille de Mantinée gagnée par les Thébains
sur les Lacédémoniens. Épaminondas y perd
la vie.

356 Naissance d'Alexandre, fils de Philippe, roi de
Macédoine, et d'Olympias. Aristote, philosophe grec, chef de l'école dite péripatéti-
cienne, est nommé son professeur.

340 Schisme religieux de Samarie. Les Juifs font
la révision de leurs livres sacrés; ils les re-
jettent tous à l'exception du Pentateuque.

338 Guerre des Athéniens contre Philippe, roi
de Macédoine. Bataille de Chéronée où les
Athéniens sont défaits. C'est là que commence l'ère de décadence de la Grèce.

334 Philippe se fait nommer généralissime de la
ligue amphyctionique contre les Perses.
Mort de Philippe Alexandre; son fils lui
succède. Vers le même temps, Darius-Codo-
man succède à Xercès, sur le trône des Perses. Alexandre est nommé chef de la confédération grecque.

Pendant les périodes précédentes, les connaissances humaines, nées de la nécessité, se perfection-
nèrent. Les sciences, renfermées dans le sanctuaire
des prêtres égyptiens se répandirent, pendant cette
période, dans la Phénicie, l'Asie mineure, la Thrace,
puis enfin dans la Grèce. C'était surtout de l'Egypte,
de la Phénicie et de l'empire de Babylone que la Grèce
et l'Europe devaient recevoir la lumière. C'est ici
qu'il faut placer les importantes découvertes des
Egyptiens et des Babyloniens en astronomie et en
médecine. Peu à peu, les savans et les philosophes
grecs allèrent chercher, sur cette terre classique de
la science, des connaissances qui leur manquaient
dans leur patrie. Lycurgue, Solon, Thalès rappor-
tèrent de leurs voyages une foule de connaissances
ignorées de leurs compatriotes, et qui les mirent
au niveau des hommes de l'Orient : vers la fin
de cette période, la Grèce a succédé à l'Égypte.
Elle se présente avec ses immortels ouvrages, avec
ses philosophes, ses poëtes et ses artistes. Autour
de Démosthènes, d'Aristide, de Thémistocle, de
Sophocle, de Pindare, de Platon et de Socrate, se
groupent Euripide, Aristophanes; Thucidide, Héro-
dote, Xénophon, Hippocrate; Antiphon et Lysias,
orateurs fameux; Parrhasius, Appollodore et Zeuxis
qui embellissaient Athênes de leurs chefs-d'œuvre;
la Grèce enfin brille de tout l'éclat que peuvent
procurer l'art et la science à leur apogée.

Rome, qui ne vient encore que de naître, abandon-
nera peu à peu les traditions de ses fondateurs, et ira

emprunter à la Grèce ses arts et ses sciences, qu'elle a méprisés jusqu'alors.

§ IV. — *Depuis Alexandre jusqu'au règne d'Auguste.*

335 Destruction de Thèbes par Alexandre. La ville est rasée ; il n'épargne que la maison du poète Pindare.

334 Passage et bataille du Granique où les Perses sont défaits par Alexandre.

333 Bataille d'Issus gagnée par Alexandre sur Darius-Condoman.

331 Bataille d'Arbelles. Alexandre est maître de l'Asie. Fin de l'empire des Perses.

330 Voyage de Pithéas de Marseille. Il reconnaît les côtes de la Grande-Bretagne et de la Chersonèse Cimbrique (Danemarck et Jutland). Ce voyage étendit les connaissances géographiques et astronomiques des anciens, et augmenta considérablement le commerce de la colonie de Marseille.

329-327 Conquêtes d'Alexandre chez les Perses et les Sogdiens. Il passe le Caucase, et s'étend jusqu'à la mer Caspienne. De là, il passe aux Indes et va jusqu'à l'Indus. Les flottes de ses généraux, Néarque et Onésicritès, explorent les côtes de l'Océan indien et du golfe Persique.

324 Il meurt à Babylone. Division de ses états en-

tre ses généraux. Après de longues dissen-
sions, il se forme trois grands royaumes:
l'Égypte qui échut à Ptolémée, la Macédoine à Antipater et la Syrie à Séleucus.

321 Guerre entre les Romains et les Samnites. Les
Romains sont vaincus et subissent l'humi-
liation des fourches Caudines.

318 Athènes tombe au pouvoir de Cassandre l'un
des généraux d'Alexandre. Il y établit, comme
gouverneur, Démétrius de Phalère.

317 Guerres des généraux d'Alexandre, Eumènes et
Antigone.

314 Guerre d'Antigone et de Cassandre.

— Ère des Séleucides, dite aussi syro-macédo-
nienne.

311 Premières expéditions des Carthaginois en Sicile.

310 La démocratie est rétablie à Athènes.

305 La guerre se continue entre les successeurs
d'Alexandre. Antigone et Démétrius Poliorcètes d'une part, de l'autre Cassandre, Ly-
simaque et Séleucus. Antigone et Démétrius
Poliorcètes sont défaits à la bataille d'Ipsus.
Les états d'Antigone sont démembrés.

300 Secte philosophique dite du Portique. Zénon
en est le fondateur.

295 Dévouement de Décius à Rome. Il se précipite
dans un abîme pour obéir à un oracle.

288 Pyrrhus s'empare du royaume de Macédoine.
Séleucus devient maître de l'Asie.

287 Bibliothèque d'Alexandrie, composée de plus
de sept cent mille volumes rassemblés par
Ptolémée-Philadelphe. Le phare d'Alexandrie
est terminé.

284 Rétablissement de la ligue achéenne détruite
par Alexandre. Seconde ligue fédérale des
peuples de la Grèce.

280 Défaite des Romains par Pyrrhus. Ptolémée-
Philadelphe fait faire une copie fidèle des
livres sacrés des Juifs. Cette version est celle
dite des *septante.*

264 Première guerre punique.

260 Le consul C. Duillius défait les Carthaginois
dans une bataille navale, qui fut la première
gagnée par les Romains.

256 Régulus débarque en Afrique et se rend maître
de plusieurs villes.

255 Xantippe, général lacédémonien, venu au secours de Carthage, fait Régulus prisonnier.
Après avoir obtenu la liberté sur parole, il
revient à Carthage expier sa générosité par
un horrible supplice.

240 Fin de la première guerre punique. Elle dura
vingt-quatre ans.

218 Seconde guerre punique. Annibal franchit les
Alpes, et débouche en Italie. Batailles du
Tésin et de la Trébia, où les Romains sont
défaits.

217 Bataille près du lac Trasimène, où les Romains
sont défaits. Le consul Flaminius y est tué.

216 Bataille de Cannes, où périt l'élite des chevaliers romains. Annibal est aux portes de Rome.

214 Scipion est vainqueur en Espagne. Siége de Syracuse, par les Romains. Cette ville résiste trois ans, grace aux inventions du mathématicien Archimède.

201 Le sénat romain accordë la paix aux Carthaginois. Fin de la seconde guerre punique.

197 Troisième ligue achéenne après la défaite de Philippe IV, roi de Macédoine, par les Romains.

192 Guerre des Romains contre Antiochus, roi de Syrie. Il est vaincu, et demande la paix, qui lui est accordée par le sénat. Il perd une partie de ses états.

187 Mort d'Antiochus.

183 Mort d'Annibal.

170 Antiochus-Epiphane ruine le temple de Jérusalem, persécute les Juifs, et leur interdit la libre pratique de leur religion.

168 Guerre des Romains contre Persée, roi de Macédoine. Paule-Émile le fait prisonnier. La Macédoine est réduite en province romaine.

164 Conquêtes de Mithridate, roi de Pont, sur les Perses et en Mésopotamie.

163 Siége de Jérusalem par Antiochus-Eupator.

149 Troisième guerre punique.

147 Guerre contre les Romains et les Achéens.

146 Prise et incendie de Corinthe par le consul

Mummius. La Grèce est réduite en province romaine.

146 Prise de Carthage par Scipion-le-Jeune.

126 Ère de Tyr. Les rois de Syrie accordent la liberté aux Tyriens.

109 Après avoir ravagé la Gaule, les Teutons et les Cimbres entrent en Italie et défont deux armées romaines.

107 Guerre des Romains contre Jugurtha.

102-101 Bataille près d'Aix, où Marius taille en pièces cent mille Cimbres et Teutóns. Il achève de les exterminer à la bataille de Verceil.

91 Guerre dite sociale en Italie.

88 Guerre de Mithridate. Rivalité de Marius et de Sylla au sujet du commandement. Progrès de Mithridate. Il se rend maître d'Athènes, qui est bientôt reprise par Sylla. Sylla se rend maître de Rome et proscrit les partisans de Marius.

82 Marius défait se tue. Sylla est nommé dictateur perpétuel.

79 Abdication de Sylla.

66 Mithridate faisait toujours des progrès, Pompée marche contre lui et le défait, ainsi que son allié Tigrane, roi d'Arménie.

64 Pompée réduit la Syrie en province romaine.

63 Consulat de Cicéron. Conjuration de Catilina.

60 Premier triumvirat, formé par Pompée, César et Crassus.

57 César soumet les Gaules.

53 Expédition des Romains contre les Parthes.

42 Guerre entre César et Pompée. César passe le
   Rubicon malgré la défense du sénat.

48 Pompée défait César en Macédoine; puis, défait lui-même à la bataille de Pharsale, il
   se réfugie en Égypte, où il est assassiné par
   l'ordre de Ptolémée.

— César met le siége devant Alexandrie. Incendie
   de la fameuse bibliothèque.

45 Ère Julienne. César est assassiné au milieu du
   sénat. Second triumvirat, composé d'Antoine,
   Octave et Lépide. Proscriptions à Rome.
   Mort de Cicéron.

42 Bataille dans les plaines de Philippes, en Macédoine, où Brutus et Cassius sont vaincus et se
   tuent.

31 Ère actiaque. Elle date du jour où fut livrée
   la bataille d'Actium, remportée par Octave
   sur Antoine. Octave est maître du monde.

27 Octave reçoit le surnom d'Auguste.

12 Auguste adopte Tibère. Paix générale.

Nous avons vu dans les époques précédentes les
lumières, les sciences et les arts venus de l'Orient
et de l'Egypte, se répandre au sol de la Grèce, et
recevoir là un degré de perfection inconnu dans
les autres pays. Au temps d'Alexandre, les lettres
grecques brillaient de tout leur éclat. Et cependant
leur décadence était proche. L'héritage d'éloquence
de Démosthènes tomba aux mains des rhéteurs; la

philosophie de Platon trouva un écho affaibli dans Zénon et la secte des stoïciens ; mais les mœurs sceptiques des Athéniens s'accommodèrent beaucoup mieux de la doctrine dubitative de Pyrrhon et de la morale si aimable et si facile d'Épicure. Dans les deux siècles qui s'écoulèrent depuis Alexandre jusqu'à la prise de Corinthe, le mouvement de décadence imprimé à la civilisation grecque par la domination macédonienne, suivit une marche progressive. Les arts, les lettres et les sciences vécurent sur leur gloire passée, et ces deux siècles n'ont rien produit dont la postérité ait gardé le souvenir. En Asie, les conquêtes d'Alexandre produisirent un grand changement. Les connaissances de l'Orient se mêlèrent à celles de la Grèce. Avec Darius, les doctrines religieuses des Mages et de Zoroastre s'anéantirent. Cette révolution se fit sentir jusque dans la Judée, qui introduisit dans sa théologie quelques-unes des idées philosophiques de la Grèce.

Mais ce qui est surtout digne de remarque, c'est que lors de la décadence des lumières à Athènes, elles se réfugièrent en Egypte ; et c'est là que, pour la seconde fois, les Européens allèrent les chercher. Ce phénomène se fit remarquer surtout sous la dynastie macédonienne des Ptolémées. L'un d'eux, Ptolémée-Lagus, rassembla dans son palais une bibliothèque de plus de 700,000 volumes, et y logea une foule de savans de tous les pays. Il se forma en Egypte deux espèces de savans inconnus en Grèce : les grammairiens et les scholiastes. Mais c'est surtout l'histoire, la géographie, la médecine et l'astronomie enrichies des observations d'Hipparque et du système de Ptolémée, qui devinrent florissantes : Alexandrie devint la métropole du monde savant, alors qu'Athènes s'obscurcit de ténèbres.

Avant la prise de Corinthe et la réduction de la Grèce, les Romains n'avaient pas eu, à proprement parler, de littérature, qui plus tard ne fut chez eux qu'un pâle reflet de la littérature grecque. Ils copièrent servilement leurs modèles en philosophie comme en poésie et même en éloquence. Quant aux sciences positives, elles ne jetèrent jamais de racines bien profondes en Italie.

§ V. — *Depuis Auguste jusqu'au partage de l'empire romain par Théodose.*

(Après J.-C.)

1 Naissance de Jésus-Christ. C'est ici le commencement de l'ère vulgaire.

4 Conspiration de Cinna contre Auguste.

10 Hermann (Arminius), chef des Chérusques, bat Varus et détruit les légions romaines dans les forêts de la Westphalie.

14 Mort d'Auguste à Nole, en Campanie. Tibère lui succède.

16 Germanicus défait Arminius.

19 Germanicus meurt en Syrie empoisonné par Pison.

27 Incendie de Rome. Tyrannie de Séjan, ministre de Tibère.

33 Mort de Jésus-Christ, crucifié à Jérusalem.
Ses doctrines de liberté et d'égalité, et la
pureté de sa morale vont changer la face du
monde.

37 Mort de Tibère. Caligula, fils de Germanicus,
lui succède à l'empire.

41 Caligula est tué par Chéréas. Claude lui
succède.

43. Expédition de Claude dans la Grande-Bretagne.

49 Les juifs sont chassés de Rome. Claude adopte
Néron, petit-fils de Germanicus.

54 Néron succède à Claude.

59 Néron fait assassiner sa mère Agrippine. Le
sénat et les grands de l'empire le félicitent
de cet acte de vigueur.

64 Néron fait incendier Rome et ordonne le massacre des chrétiens qu'il accuse de ce crime.

65 Conspiration de Calpurnius Pison. Lucain et
le philosophe Sénèque, qui avait approuvé
l'assassinat d'Agrippine, y sont impliqués et
condamnés à mort.

68 Mort de Néron. Galba lui succède. En ce moment l'empire a quatre empereurs. Othon,
Vitellius et Vespasien sont proclamés empereurs par leurs soldats. Othon fait tuer Galba
et est bientôt détrôné par Vitellius. Une bataille, livrée près de Crémone, décide du

sort de l'empire. Vitellius est battu par Vespasien qui règne seul.

70 Les juifs s'étaient révoltés et avaient secoué le
joug de la domination romaine ; Titus, fils
de Vespasien, les soumet et s'empare de Jérusalem.

79 Mort de Vespasien. Titus lui succède. Son règne, que les historiens nous présentent
comme un modèle, ne dura que deux ans.
Son frère Domitien lui succéda.

98 Mort de Nerva, successeur de Domitien. Trajan est appelé à l'empire. Sous son règne les
Lombards, nation germaine, font une invasion en Italie et s'y établissent.

107 Trajan se rend maître de l'Arménie, il soumet
les Parthes et les Daces.

130-132 Adrien, successeur de Trajan, séjourne à
Athènes qu'il embellit et qui prend le titre
de ville d'Adrien. Il fait reconstruire Jérusalem et apaise la révolte du juif Barcochè-
bas qui se prétendait le Messie.

— Malgré les persécutions, la religion chrétienne
se propage rapidement ; prétendus miracles
d'Appollonius de Thyane.

138 Adrien meurt à Baies. Antonin-le-Pieux lui
succède. Il s'associe Aurélius Vérus.

161 Règne de Marc-Aurèle, successeur d'Antonin.
Il s'associe Lucius Vérus. Il soumet plusieurs
peuples de la Germanie. Son fils Commode
lui succède.

100 Grande ligue des peuples de la Germanie contre
les Romains.

193 En cette année l'empire a six empereurs. Per-
tinax est proclamé par les prétoriens, et tué
bientôt après. Sulpicien lui succède; puis
Julien, qui est bientôt détrôné à son tour.
Sévère est nommé empereur dans les Gaules,
Niger en Asie, et Albin en Bretagne. Le trône
reste définitivement à Sévère.

211 Caracalla et Géta succèdent à Sévère.

217 Macrin fait massacrer Caracalla, et se fait
nommer empereur.

218 Après avoir défait Macrin, Héliogabale lui
succède.

222 Il est tué dans une sédition. Alexandre Sévère
est proclamé empereur.

235 Expédition de Sévère dans les Gaules. Il est tué
par un soldat goth, Maximin, qui est élu
à sa place.

247 Les Goths, qui s'étaient répandus sur le Tanaïs
et les bords de la mer Noire, occupent la
Thrace et la Mœsie. La garde prétorienne
élève à l'empire les deux Gordien. Le sénat
défère la couronne à Maxime et Balbin. Le
trône reste à Gordien III.

244 Gordien est assassiné par Philippe, qui lui
succède.

248 Dèce est proclamé empereur.

251 Après la mort de Dèce, l'armée nomme pour
empereur Gallus. Les hordes germaines en-

vahissent les provinces de l'empire. Aurélien remplace Gallus.

254 Il est égorgé par ses soldats. Valérien lui succède.

260 Guerre de Valérien contre Sapor, roi de Perse. Il est défait. Les Barbares continuent leurs invasions. Les Parthes occupent l'Illyrie et le Norique ; les Scythes envahissent la Pannonie, et une partie de la Grèce. Les Gaules sont occupées par les Francs, et la Germanie par les Alains, les Bourguignons et les Vandales.

— Captivité de Valérien en Perse. Son fils Gallien le remplace.

266 Prise d'Athènes par les Hérules.

268 Gallien est assassiné. Claude II lui succède. Il défait les Goths.

270 Règne d'Aurélien. Guerres contre les Barbares. Aurélien défait les Allemands, les Scythes et les Vandales.

273 Guerre contre Zénobie, reine de Palmyre. Elle est prise par Aurélien. La ville de Palmyre est détruite.

275 Aurélien est assassiné par ses soldats. Tacite, descendant de l'historien de ce nom, lui succède.

276 Bataille où l'empereur Tacite défait les Scythes.

— Mort de Tacite. Probus est élu empereur.

283 Carus succède à Probus ; comme lui, il montre

une grande activité contre les Barbares, et défait les Sarmates.

286 Dioclétien succède à Carus. Il s'associe Maximien-Hercule.

Malgré les persécutions contre les chrétiens, la religion du Christ faisait des progrès rapides. Les empereurs eux-mêmes donnaient le signal des persécutions contre l'église chrétienne. On en compte dix: la première, sous Néron; la seconde, sous Domitien; la troisième, sous Trajan; la quatrième, sous Marc-Aurèle; la cinquième, sous Sévère; la sixième, sous Maximin; la septième, sous Dèce; la huitième, sous Valérien et Gallien; la neuvième, sous Aurélien; enfin la dixième et la plus cruelle de toutes, sous Dioclétien.

305 Abdication de Dioclétien et de Maximien-Hercule. Constance Chlore et Galère leur succèdent.

306 Mort de Constance Chlore. Maxence est appelé à l'empire.

311 Mort de Galère. Maxence est seul maître de l'Italie.

— Avénement de Constantin à l'empire. Il embrasse la religion chrétienne. Ère des indictions.

323 Prise de Byzance par Constantin. Il devient maître de l'empire.

325 Premier concile à Nicée. Arius est condamné

comme hérétique. Constantin ordonne la
destruction de ses écrits.

328. Constantin transporte le siége de l'empire à
Byzance, nommée depuis Constantinople.

337 Mort de Constantin. Son empire est partagé
entre ses trois fils, Constant, Constantin II
et Constance.

Après la mort des trois fils de Constantin, Julien
entre à Constantinople, et se fait proclamer empereur.

361 Julien, dit l'Apostat par les prêtres chrétiens,
veut rétablir le polythéisme dans l'empire.

363 Il périt dans une expédition contre les Perses.
Jovien lui succède.

364 Règne de Valentinien et de Valens. Premier
partage de l'empire romain.

378 Les Goths envahissent l'empire. Mort de Valens.
Valentinien II, Maxime et Gratien, empereurs.

388 Règne de Théodose. Il partage l'empire entre
ses deux fils Arcadius et Honorius 395. Séparation définitive des deux empires. Il meurt.

Bientôt après le commencement de cette période,
une religion nouvelle s'éleva. Les empereurs persé-
cutèrent le christianisme, comme ils avaient persé-
cuté tout nouveau culte qui paraissait devoir donner une influence à un corps sacerdotal quelconque.
Mais, lorsqu'avec Constantin, le siége de l'empire

eut été transféré à Constantinople, les peuples d'O-
rient, surtout, opprimés tour-à-tour par les Barbares et par l'aristocratie romaine, adoptèrent avec
enthousiasme une croyance de paix, d'égalité, et
l'espoir d'un avenir meilleur.

Les arts et les sciences se ressentirent nécessaire-
ment de l'influence de cette révolution.

Alexandrie devint le séjour des pères chrétiens,
et l'ergotage théologique succéda, dans ses écoles,
à la philosophie profane. Les arts et les lettres disparurent de Rome livrée au despotisme militaire.
C'est en vain que Vespasien et les deux Antonins
redonnèrent quelque élan aux arts de la pensée;
leur règne trop court ne put les détourner de la direction funeste que l'oppression et la tyrannie leur
avaient fait prendre.

Cependant sous leur règne et sous celui de Nerva,
Rome, Milan, Marseille, Bordeaux, Narbonne,
Toulouse et Carthage rivalisèrent entre elles par
l'amour des lettres et la culture des sciences. C'est
à la liberté d'écrire accordée par Nerva et Trajan,
que nous devons Tacite et les œuvres admirables
des deux Pline.

Avec les Perses et les invasions des Goths et des
autres Barbares, les écoles de l'Orient, de la Syrie,
de l'Asie mineure et de la Grèce disparurent. Les
mœurs romaines, la langue même qu'ils parlaient
devinrent méconnaissables et flétrirent les mœurs
stupidement féroces des Barbares. C'est en vain,
que Constantin et quelques-uns de ses successeurs

voulurent opposer quelques digues à cette décadence. Julien fit renaître quelque émulation. Théodose, Valens et Valentinien fondèrent à Constantinople des écoles pour les praticiens : ces efforts furent vains, l'esprit humain ne se releva pas de sa chute; les sciences, éteintes par la domination militaire, ne retrouvèrent par leur éclat et leur dignité; et l'empire romain qui s'affaissait sur sa base, plongea pour plusieurs siècles le monde dans l'ignorance et la barbarie.

§ VI. — *Depuis la séparation de l'empire romain jusqu'au rétablissement de l'empire d'Occident par Charlemagne.*

406 Nouvelle invasion des barbares. Les Vandales, les Alains et les Suèves se jettent sur les Gaules qu'ils ravagent. Refoulés par les Bourguignons et les Francs, ils s'établissent en Espagne.

408 Siége de Rome par les Goths.

421 Règne de Pharamon, chef franc. Loi Salique.

433 Invasion d'Attila dans l'empire d'Occident. Théodose lui paie tribut.

445 Guerre de Clodion, chef des Francs, contre les Romains. Il s'etend dans les Gaules.

448 Mérovée succède à Clodion. Il fait également la guerre aux Romains. Il a donné son nom à la première race des rois de France.

448 Guerre des Bretons et des Pictes ou Calédo-

niens. Les Bretons sont secourus par les
Anglo-Germains et les Saxons, qui s'emparent de l'île, et la divisent en sept royaumes,
appelés par les historiens Heptarchie.

451 Attila ravage les Gaules. Il est battu par Aé-
tius, général romain, uni à Mérovée et Théo-
doric, chefs francs, dans les champs Catalau-
niques, près Châlons.

453 Mort d'Attila.

456 Mort de Mérovée. Son fils Hildéric ou Chilpéric lui succède.

476 Odoacre, chef des Hérules, détrône le jeune
Romulus-Augustule. Avec lui finit l'empire
romain, qui avait duré cinq cent sept ans
depuis la bataille d'Actium, où Auguste devint maître du monde.

481 Avènement de Hlodwic ou Clovis, fils de Childéric, au trône des Francs. Il défait plusieurs
fois les Romains, et étend ses conquêtes
dans les Gaules.

496 Bataille de Tolbiac, remportée par Clovis sur
les Allemands. Il embrasse le christianisme.
Vers la fin de ce siècle, les sciences et les
lettres disparaissent presque complètement
de l'Europe.

508 Clovis est nommé César par Anastase, empereur
d'Orient. Il place le siége de son empire à
Paris.

511 Mort de Clovis. Son empire est partagé entre

ses quatre fils, Thierry, Chlodomir, Childebert et Clothaire.

525 Après la mort d'Anastase, empereur d'Orient,
Justin, élu par les soldats, s'associe Justinien à l'empire.

526 Règne d'Athalaric, roi des Ostrogoths. Il étend
son empire jusqu'au-delà de la Provence.

527 Règne de Justinien.

529 Publication du Code Justinien.

533 Justinien paie tribut à Cosroës, roi des Perses.

537 Bélisaire, général de Justinien, fait des conquêtes en Italie. Il défait les Ostrogoths et
les chasse de Rome.

552 L'eunuque Narsès chasse les Ostrogoths de la
Sicile.

558 Les Huns menacent Constantinople; Justinien
leur paie un tribut.

561 Clotaire, qui avait succédé à Childebert en
France, meurt. Le royaume des Francs est
une seconde fois partagé entre ses fils Cari-
bert, Gontran, Sigebert et Chilpéric. Le
royaume des Francs se trouve ainsi subdivisé
en quatre autres royaumes, qui sont Paris,
Orléans et la Bourgogne, Soissons et Metz ou
l'Austrasie.

570 Naissance de Mohamed ou Mahomet.

584 Chilpéric est assassiné par sa concubine Fré-
dégonde. Son fils, Clotaire II, lui succède.

612 Mahomet, marchand arabe, se dit le prophète

de Dieu, il assemble une armée et parcourt l'Arabie.

613 Clotaire II est seul roi des Francs par la mort de Thierry, son oncle, roi de Bourgogne.

622 Fuite de Mahomet de la Mecque. Il se retire à Médine. C'est de cette époque que date l'ère des mahométans, dite de l'hégire.

628 Mort de Clotaire II, roi de France. Dagobert, son fils, lui succède.

630 Mahomet, après la prise de la Mecque, est maître de toute l'Arabie; ses doctrines religieuses se répandent.

632 Il meurt. Abubeker, son beau-père, est reconnu comme son héritier et son vicaire. Abubeker prend le titre de khalif, titre qui a été porté par tous ses successeurs. Vers cette époque les arts et les sciences fleurissent chez les Arabes.

638 Mort de Dagobert. Son fils, Clovis II, lui succède. Les maires du palais, ou intendans de la maison et des armées du roi, parviennent à une haute puissance sous ces deux règnes.

640 Les Sarrasins, commandés par Omar, s'emparent d'Alexandrie. Ils incendient la fameuse bibliothèque rassemblée par les Ptolémées.

656 Mort de Clovis II, roi de France; son fils, Clotaire II, lui succède.

668 Mort de Clotaire III. Le maire du palais, Ebroïn place sur le trône Thierry son

frère. Il est bientôt déposé. Childéric III lui succède.

672 Siége de Constantinople par Yésid, fils du khalif Mohasuah.

673 Childéric II est assassiné. Thierry, son frère, est nommé roi par les maires du palais.

680 Abdallah est proclamé khalif en Égypte et dans une partie de l'Arabie.

682 Les khalifes Omniades sont chassés de Médine.

687 Pépin d'Héristal, maire du palais, s'empare de l'autorité et ne laisse à Thierry que le titre de roi de France.

690 Mort de Thierry. Pépin lui donne pour successeur Clovis III, qui ne règne que de nom. Ces rois sont connus dans l'histoire de France sous le nom de *rois fainéans*.

697 Création du premier doge de Venise.

705 Justinien II, empereur d'Orient, détrôné par Léonce, revient, aidé des Bulgares, mettre le siége devant Constantinople. Il s'en empare et fait mourir Léonce.

711 Dagobert III succède à Childebert III, roi de France.

— Invasion des Maures en Espagne. Elle leur est livrée par le comte Julien, vice-roi de la Mauritanie pour le roi Rodrigue, qui avait violé sa fille, selon les historiens espagnols. Bataille de Xérès remportée par Tarif, lieutenant du khalif Musah, sur Rodrigue, qui y perd la vie. Fin du royaume des Visigoths et grec Arès) le nom d'Aréopage, et devint le siège d'un célèbre tribunal d'Athènes, ainsi dénommé.

Pour compléter l'esquisse de ce dieu, il nous reste à peindre les traits caractéristiques de ses fonctions, Colardeau, mieux que nous, le dira dans ses vers :

> . . . . . . Mars est représenté
> Poussant dans les combats son char ensanglanté.
> Son front, cruel et sombre, annonce le carnage ;
> La Mort, l'affreuse Mort, l'Epouvante, la Rage
> Précèdent ses coursiers écumans et fougueux.
> Sur son casque de fer, un dragon tortueux
> Semble vomir au loin la flamme et la fumée.
> Autour du Dieu sanglant vole la renommée ;
> Sa détestable sœur, Bellone, à ses côtés,
> Marche, s'élance, court à pas précipités,
> Et, secouant les feux de sa torche infernale,
> De son barbare frère est la digne rivale.
> Tous deux, d'un vain laurier se disputent l'honneur ;
> Bellone a plus de rage, et Mars plus de valeur.

VULCAIN.

Vulcain, que l'on prétend être l'unique fruit de l'hymen de Junon et de Jupiter, naquit horriblement difforme. A peine vit-il le jour, que son père le précipita dans le vague des airs ; tant il fut choqué de sa laideur. Il y roula long-temps, et vint enfin se briser la cuisse sur un rocher de l'île de Lemnos, où il fixa son séjour et se construisit des forges immenses.

Les dons du génie rachetèrent en lui le défaut des grâces extérieures. Ce fut lui qui, le premier, enseigna l'art difficile de fondre et de façonner les métaux : d'autres placent aussi ses arsenaux sous les

Nous avons vu l'effet produit par la religion chrétienne en Orient : en Occident, cet effet ne fut pas moindre. L'Orient, à son tour, subit une grande révolution, lorsque Mahomet vint y fonder un nouvel empire et une nouvelle religion. Les Arabes, qui venaient d'embrasser l'islamisme, acquirent une grande importance. Ils conquirent une grande partie de la Perse, la Palestine, l'Asie mineure. De l'Asie, ils passèrent en Afrique, qui reçut d'eux la loi. Ils

eurent bientôt envahi l'Espagne, où ils s'établirent ;
de-là, ils menacèrent l'Europe entière. Ils franchi-
rent les Pyrénées, assiégèrent Toulouse, et s'avancè-
rent en France jusqu'à Tours : là, ils furent arrêtés
par Charles-Martel, qui avait rassemblé à la hâte
une faible armée. Les Sarrasins furent taillés en
pièces, au nombre de trois cent mille, disent les
chroniqueurs français, et Abdérame, leur roi, fut
tué. Cette célèbre victoire sauva du joug mahomé-
tan, non-seulement la France, mais tout le nord de
l'Europe, et empêcha les Sarrasins d'étendre leur
domination sur les trois parties du monde connu.

En Europe l'empire grec s'affaiblissait par les dis-
sensions et les futiles querelles de théologie : sans
les divisions qui éclatèrent entre les différens khalifes
arabes, l'empire d'Orient serait tombé au pouvoir
des Musulmans ainsi que l'Espagne. La puissance
temporelle des papes prenait chaque jour de l'ac-
croissement. Le roi de France Pépin l'avait étendue
en faisant don au pape Étienne de l'exarchat de Ravenne ; Charlemagne l'étendit encore en portant ses
conquêtes dans le nord, et en faisant embrasser le
christianisme aux peuples conquis. Pendant cette
période la puissance sacerdotale s'étendait en France
de plus en plus : les plus hautes dignités de l'état
étaient le partage des ecclésiastiques, qui avaient
des villes sous leur domination et qui levaient des
armées.

Les sciences et les lettres s'éteignaient en Europe,
où Charlemagne chercha à les ranimer. A Constan-

tinople, les sciences fleurissaient encore ; mais bientôt, chassées par l'ignorance et la superstition, elles se réfugièrent encore une fois en Orient, où elles brillèrent d'un vif éclat sous les Abassides. Les Arabes cultivaient avec succès à cette époque la médecine, la chimie, l'astronomie et la poésie. Les savants de la Grèce allèrent encore une fois y rallumer le flambeau de la science éteint dans leur patrie.

§ VII — *Depuis le rétablissement de l'empire d'Orient par Charlemagne, jusqu'à la fin des croisades.*

802 L'impératrice Irène est déposée. Nicéphore est nommé empereur des Grecs. Commencement du Bas-Empire.

809 Mort du khalife Hâroun-al-Raschid. Sous son règne les sciences fleurirent à Bagdad, capitale de son empire. Il envoya à Charlemagne la première horloge qui ait paru en Europe.

814 Mort de Charlemagne. Son fils, Louis-le-débonnaire, qu'il avait associé à l'empire, lui succède.

827 Fin de l'Heptarchie saxonne en Angleterre.

833 Les fils de Louis-le-Débonnaire associés par lui à l'empire lui déclarent une seconde fois la guerre. Déjà déposé quatre ans auparavant, il est enfermé une seconde fois au monastère de Soissons. L'année suivante il est rétabli sur le trône par une assemblée d'évêques.

841 Invasion des Normands en France. Leurs na-
vires remontent la Seine. Ils pillent les
églises et les monastères.

843 Partage des états de Louis-le-Débonnaire entre
ses fils.

844 Les Normands s'avancent jusqu'aux portes de
Paris. Charles-le-Chauve, roi de France,
leur donne des sommes considérables d'ar-
gent, à condition qu'ils s'éloigneront.

846 Les Normands entrent en Espagne et assiégent
Séville.

847 Les Maures assiégent Rome. Léon IV leur résiste avec vigueur.

855 Partage des états de Lothaire, entre ses trois
fils.

866 Invasion des Danois en Angleterre.

867 L'empereur Michel, dit l'Ivrogne, successeur
de Théophile, est assassiné par Basile le
Macédonien, qui lui succède.

871 Règne d'Alfred-le-Grand, en Angleterre. Ce
prince organisateur donne des lois aux
Anglais. Mort de Louis-le-Germanique.

877 Mort de Charles-le-Chauve. Louis II, dit le
Bègue, lui succède en France.

882 Mort de Louis-le-Bègue; son frère Carloman
lui succède.

884 Il meurt. Il a pour successeur Charles-le-Gros.

886 Les Normands assiégent Paris. Charles-le-Gros
conclut avec eux un traité déshonorant.

887 Charles-le-Gros est déposé de la dignité impé-

— 54 —

. . . riale; il meurt l'année suivante. Ses états
. . . sont divisés en cinq royaumes.
891 Les Normands ravagent les Pays-Bas.
893 Charles-le-Simple est proclamé roi de France.
896 Arnolphe-le-Bâtard, roi de Germanie, assiége
. . . Rome. Il est couronné empereur par le pape
. . . Formose.
— Vers cette époque, le trône papal est le sujet
de brigues sanglantes. Après la mort de Formose, Boniface son successeur est bientôt
chassé par Etienne VI. Etienne est étranglé
quelque temps après, et Romain lui succède.
— Romain meurt; Théodore, qui lui succède, est
bientôt remplacé par Jean IX.
— Jean IX meurt. Benoît IV est élu.
903 Benoît IV meurt. A force d'intrigues, Léon V
parvient à la papauté. Il est bientôt remplacé par Christophe, qui le fait empoisonner.
911 Mort de l'empereur grec Léon V. Constantin V, dit Porphyrogénète, son fils, lui succède.
912 Charles-le-Simple donne à Rollon, chef des
Normands, sa fille Gisèle en mariage, et la
Neustrie à titre de fief. Rollon embrasse le
christianisme, et s'applique à policer ses
soldats.
— Fin du second empire d'Occident en la per-
sonne de Louis IV, dernier empereur carlo-

vingien. Conrad de Franconie lui succède en Allemagne. L'Italie est partagée en plusieurs petits états.

914 Mort de don Garcie Ier, roi des Asturies. Plusieurs princes chrétiens, réfugiés dans les montagnes d'Espagne, résistèrent avec succès aux rois maures. Ils fondèrent plusieurs petits royaumes : le royaume de Navarre, le royaume des Asturies et ceux de Léon et de Castille.

915 Le pape Jean X couronne Bérenger, roi d'Italie, empereur d'Allemagne.

917 Mort de Rollon. Son fils Guillaume Ier lui succède.

— Les Bulgares assiégent Constantinople. Ils sont forcés de lever le siége.

918 Henri, dit l'Oiseleur, est appelé au trône d'Allemagne par la mort de Conrad de Franconie. L'Allemagne lui doit ses premières institutions.

923 Charles III, dit le Simple, est détrôné par Raoul, qui est couronné à Soissons.

929 Charles-le-Simple meurt prisonnier à Péronne.

— Mort du pape Étienne VII. Jean XI lui succède.

930 Mort de Raoul, roi de France. Louis IV, dit d'Outremer, parce qu'il s'était réfugié en Angleterre, lui succède.

938 Othon-le-Grand succède en Allemagne à son

père Henri-l'Oiseleur. Il fit la guerre aux
Slaves et à Louis-d'Outremer.

942 Guillaume Ier, duc de Normandie, est assassiné. Louis-d'Outremer s'empare de la Normandie.

952 Concile d'Augsbourg qui interdit aux prêtres
le mariage.

954 Mort de Louis-d'Outremer. Lothaire lui succède.

966 Mort de Lothaire. Son fils Louis V, dit le Fai-
néant, lui succède. Il meurt l'année suivante. Avec lui finit la seconde race des
rois de France, dite des Carlovingiens. Elle
a duré deux cent trente-six ans.

987 Hugues Capet est élu roi de France par la
faction aristocratique à l'exclusion de Charles, frère de Louis V. Avec lui commence la
troisième race des rois de France, dite des
Capétiens.

996 Mort de Hugues Capet. Son fils Robert-le-Pieux
lui succède.

988 Crescentius se fait nommer consul, et veut rétablir la république à Rome. Il chasse le
pape Grégoire V. Othon III assiége et prend
Rome. Il rétablit Grégoire V.

1014 Henri II est couronné empereur par le pape
Benoît VIII.

1015 Canut-le-Grand, roi de Danemarck, est nommé
roi d'Angleterre.

1016 Établissement des Normands en Italie. Ils devinrent ensuite maîtres du royaume des Deux-Siciles.

1019 Canut, roi d'Angleterre, fait la conquête de la Norwége.

1024 En Allemagne, Conrad-le-Salique succède à son père Henri II.

1031 Mort de Robert, roi de France. Son fils Henri Ier lui succède.

1041 Publication de la trève de Dieu en France. Cette loi ecclésiastique fut faite pour empêcher les guerres à outrance que se faisaient les seigneurs. Elle défendait de s'égorger du mercredi soir au lundi matin, jours destinés à célébrer les mystères de la passion de Jésus-Christ.

1045 En Italie, les papes Grégoire VI et Clément II s'excommunient mutuellement. Survient Benoît IX qui excommunie les deux autres. Clément II meurt. Benoît IX est seul pape.

1048 Il abdique. Damase II est son successeur. Il meurt bientôt; et Léon IX est élu à sa place.

1050 Les villes d'Italie se déclarent indépendantes des empereurs.

1059 Mort de Henri Ier, roi de France. Philippe Ier lui succède sous la tutelle de Baudouin, comte de Flandre.

1061 Mort du pape Nicolas II. Hildebrand (depuis Grégoire VII) fait élire l'évêque de Luques, sous le nom d'Alexandre II, sans consulter l'empereur. Les autres évêques nomment un pape, sous le nom d'Honorius II.

1062 Honorius marche contre Rome ; il est défait par le duc de Toscane.

— Un rescrit d'Alexandre II déclare que les évêques ne pourront être élus que par le pape.

1064 L'archevêque de Mayence se met en route pour Jérusalem avec plusieurs milliers de pèlerins. Commencement des croisades.

1066 Mort d'Édouard III, roi d'Angleterre. C'est le dernier prince de la dynastie saxonne. Guillaume-le-Bâtard passe en Angleterre, et débarque à Hastings ; il défait et tue Harald, roi d'Angleterre, et en fait la conquête. Il y établit le système féodal.

1072 Mort du pape Alexandre II ; Hildebrand lui succède sous le nom de Grégoire VII.

1074 à 1079 Grégoire VII excite des troubles en France et en Allemagne. Ses démêlés avec Henri IV empereur, qu'il excommunie. Ce prince est abandonné par ses sujets et forcé de se rendre à Rome. Durant trois jours il reste exposé pieds nus sur la place publique, implorant du pape l'absolution de ses fautes. Enhardi par ce triomphe, Grégoire excommunie aussi l'empereur grec Nicéphore Botoniate ; il veut aussi forcer Guillaume-le-Conquérant à lui prêter serment ; ce dernier refuse avec hauteur.

1081 Premier siége de Rome par l'empereur Henri IV,

1084 Second siége de Rome; Henri s'en empare.
 Grégoire s'enfuit à Palerme, où il meurt
 l'année suivante.
1085 Alphonse VI, roi de Castille, fait la conquête
 d'une partie de l'Espagne sur les Maures.
1087 Mort de Guillaume-le-Conquérant; un de ses
 fils, Guillaume, lui succède en Angleterre.
1095 Pierre-l'Hermite prêche la première croisade;
 il décide Raymond, comte de Toulouse, à se
 croiser.
1098 Prise d'Antioche par Godefroy de Bouillon.
1099 Prise de Jérusalem par Godefroy.
1101 Henri Iᵉʳ octroie une charte aux Anglais. Cette
 charte devient la base des libertés de l'Angleterre.
1106 Plusieurs villes d'Italie adoptent le gouvernement républicain. Naissance des communes.
1108 Mort de Philippe Iᵉʳ, roi de France. Louis,
 dit le Gros, lui succède sous le nom de
 Louis VI.
1112 Établissement du régime municipal ou des
 communes. Par cet acte de politique Louis-
 le-Gros rendit aux rois de France l'autorité
 sur leurs vassaux, que les progrès de l'aristocratie et les justices seigneuriales lui avaient
 fait perdre. La ville de Laon est la première
 ville de France qui ait joui des institutions
 municipales.
1115 Florence et Lucques se constituent en républiques.

1118 Henri V, empereur d'Allemagne, marche contre Rome et fait élire un nouveau pape,
sous le nom de Grégoire VIII. Guerre des
investitures.

1124 Henri V pénètre en France avec une armée,
il est repoussé par Louis-le-Gros.

1128 Henri Ier, roi d'Angleterre, pénètre en France
à la tête d'une armée.

1137 Mort de Louis-le-Gros. Louis VII, dit le Jeune,
lui succède.

— Conrad III, duc de Franconie, commence, en
Allemagne, la dynastie des Hohenstauffen.

— Bataille d'Ourrique, où Alphonse Ier, roi de
Portugal, défait cinq rois maures.

1142 Commencement des guerres des Guelfes et des
Gibelins.

1145 Bernard prêche la seconde croisade.

1147 Conrad, empereur d'Allemagne, part pour
cette croisade avec soixante-dix mille
hommes; Louis-le-Jeune s'y présente avec
quatre-vingt mille hommes.

1148 Conrad, arrivé à Jérusalem, est abandonné
par son armée. Il revient presque seul en
Allemagne.

1149 Louis-le-Jeune, qui avait été fait prisonnier
par les Sarrasins, revient en France.

1154 Henri II succède à Étienne en Angleterre.
Commencement de la dynastie des Planta-
genets.

1168 En Italie, Pascal III, qui avait succédé à Victor IV, meurt. Calixte III est élu pour son successeur.

1168 Guerre entre la France et l'Angleterre.

1180 Mort de Louis-le-Jeune, roi de France. Philippe II, dit Auguste, lui succède. Le règne de Louis-le-Jeune se fait remarquer par la sage administration de Suger.

— En Italie, Parme et Plaisance se constituent en républiques. Dans le nord, Waldemar-le-Grand, roi de Danemarck, fonde Copenhague et Dantzick. Il donne une législation à ses états. En Allemagne, chute de la maison de Guelfe. Othon de Witelsbach devient duc de Bavière, et Bernard d'Ascanie duc de Saxe.

1183 Conquêtes de Saladin, de la dynastie des sultans Ayoubites, en Arabie, en Mésopotamie et en Perse.

1185 Mort de Baudouin IV, roi de Jérusalem; Baudouin V, son neveu, lui succède. Il meurt l'année suivante, et Guy de Lusignan, son successeur, marche contre Saladin au mépris des traités. Saladin, irrité de ce manque de foi, s'empare de Jérusalem. Le pape Urbain III meurt de chagrin à cette nouvelle.

1168 Troisième croisade. Les rois de France et d'Angleterre, l'empereur d'Allemagne et le duc de Souabe prennent la croix.

1192 Bataille d'Ascalon, où Richard-Cœur-de-Lion
défait Saladin.

1194 Guerre en Normandie entre Richard et Philippe-Auguste.

1199 Jean-sans-Terre succède, en Angleterre, à son
frère Richard. Philippe soutient les prétentions d'Arthur, de Bretagne.

1202 Quatrième croisade. Les comtes de Flandres
et de Bourgogne sont au nombre des croisés.

1203 Les croisés prennent d'assaut Constantinople.
Alexis, l'Ange III, empereur grec, prend la
fuite; Isaac l'Ange, son frère, remonte sur
le trône.

1204 Etablissement de l'inquisition dans les états
chrétiens, pour extirper les hérésies.

1208 Croisade contre Raymond, comte de Toulouse,
et contre les Albigeois, de la secte des *Mani-
cheens.* Raymond, pour se faire absoudre
par le pape, marche contre les hérétiques.
La ville de Béziers est brûlée, et sept mille
Albigeois sont massacrés dans une église, où
ils s'étaient réfugiés.

1212 à 1215 Philippe-Auguste prépare une flotte pour
s'emparer du royaume d'Angleterre, que le
pape lui avait donné après l'excommunication de Jean-sans-Terre. Sa flotte est détruite
par la flotte anglaise. Bataille de Bouvines,
où Philippe défait l'empereur Othon et le
comte de Flandre. En Angleterre, les barons
forcent Jean-sans-Terre à ratifier *la grande*

charte, fondement de la constitution aristocratique de l'Angleterre.

1219 à 1221 Conquêtes de Tschin-gis-khan, ou
Gingiskan, en Tartarie et en Chine.

1223 Mort de Philippe-Augus e. Son fils Louis VIII,
dit Cœur-de-Lion, lui succède.

1226 Louis se croise contre les Albigeois. Il meurt.
Son fils, Louis IX, lui succède.

1227 Ligue des seigneurs français contre la reine
Blanche, régente sous la minorité de Louis IX.

1241 Etablissement de la ligue anséatique, ou asso-
ciatons urbaines.

1245 Le pape Innocent III dépose pour la seconde
fois l'empereur Frédéric.

1246. Voyage de Marco-Polo dans l'Inde, par ordre
de Louis IX. Il rapporte la boussole.

1248. Cinquième croisade. Louis IX s'embarque à
Aigues-Mortes.

1250. Après quelques succès, et la prise de Damiette,
Louis IX est fait prisonnier à la bataille de
la Massoure.

1252 Secte des pastoureaux: elle s'élevait contre le
pape et le clergé.

1255 L'inquisition est rétablie en France à la prière
de Louis IX.

1261 Mort du pape Alexandre IV. Urbain IV est élu
pour son successeur.

1264 Admission des communes au parlement d'Angleterre.

1265. Charles, duc d'Anjou, frère de Louis IX, s'empare de la Sicile.

1267 Sixième et dernière croisade. Louis IX passe de nouveau en Palestine.

1270 Louis IX, ou Saint-Louis, meurt de la peste sur la côte de Tunis. Ce prince favorisa l'émancipation communale en France, maintint les libertés de l'église gallicane, et abolit le duel judiciaire. Son fils, Philippe III le Hardi, est proclamé roi.

1271 Mort de Henri III, roi d'Angleterre. Son fils Edouard lui succède.

1273 Election à l'empire de Rodolphe, chef de la maison de Hapsbourg.

Pendant cette période, la puissance des papes, qui s'était considérablement accrue sous Charlemagne et ses successeurs, ne connut plus de bornes. Rome était devenue la maîtresse du monde. Le souverain pontife levait des impôts sur tous les princes et lançait les foudres de l'excommunication contre ceux qui osaient leur résister C'est surtout sous Grégoire VII que cette puissance se leva menaçante contre les souverains. L'empereur Henri IV, frappé d'excommunication, se vit contraint de venir à Rome mendier le pardon de son crime, qui était de s'être opposé aux empiétemens du pontife.

Les lettres, les sciences et les arts qui avaient disparu de l'Occident avec la domination romaine, commencent à refleurir. La science de la législation ait de grands progrès, grace à un Allemand nommé

Werner, qui retrouve à Amalfi, dans le royaume de Naples, les Pandectes de Justinien. Werner, protégé par l'empereur Lothaire, ouvre une école de droit à Bologne. D'un autre côté, Accurse étendait les progrès du droit civil. L'étude des lois romaines substituées aux coutumes barbares des peuples germaniques, adoucit sensiblement les mœurs. Mais ce sont les croisades surtout, qui développèrent les germes de ce perfectionnement dans les sciences. Avec elles les connaissances géographiques et de la navigation s'augmentèrent. Le commerce s'étendait au midi, par les relations fréquentes des croisés avec l'empire grec et les îles de l'Asie mineure, et au nord, par l'union des villes anséatiques. La science historique gagna aussi à ces guerres sacrées. Un moine de l'abbaye de Westminster écrivait les annales de l'Angleterre, l'évêque Otton traça l'histoire des empereurs d'Allemagne, et Ville-Hardouin et Joinville écrivaient avec une naïveté remarquable la chronique des croisades où ils avaient assisté.

En France, la poésie dite *romane* prit de grands accroissemens, par l'invention de la rime que Jean de Lorris et Jean de Meung employèrent dans leur *roman de la Rose*. En Italie et chez les Arabes, les lettres fleurirent également vers la fin de cette époque.

§ VIII.—*Depuis la fin des croisades jusqu'à la renaissance complète des sciences sous Louis XII
et François Ier.*

1282 Vêpres Siciliennes. Les Siciliens font un mas-
    sacre général des Français dans leur île. Le
    royaume de Sicile passe de la maison d'An-
    jou dans celle d'Aragon.
1283 Le pape publie une croisade contre Pierre
    d'Aragon, et investit de ses états Philippe-
    le-Hardi. Pierre meurt l'année suivante.
1285 Mort de Philippe - le - Hardi. Son fils, Phi-
    lippe IV, dit le Bel, lui succède.
1290 Élévation de la république de Gênes.
1291 Les Mamelucks s'emparent de Tyr et de Pto-
    lémaïs. Fin des croisades.
1294 Un moine anglais, Roger Bacon, fait une foule
    de découvertes utiles à la science. Il est
    poursuivi comme sorcier. C'est à tort qu'on
    lui attribue l'invention de la poudre à ca-
    non, découverte par le moine allemand
    Schwartz, vers le milieu du 14e siècle.
1301 Démêlés entre Philippe-le-Bel et Boniface VIII.
    Philippe-le-Bel défend aux évêques français
    d'obéir aux ordres du pape ; il est excom-
    munié.
1302 Le tiers-état est admis aux états-généraux. C'est
    la première fois depuis la première race que
    le peuple intervient dans le gouvernement.

1303 Le pape Boniface VIII est fait prisonnier par
les agens et les partisans de Philippe-le-Bel.
Il meurt bientôt après.

1305 Les templiers sont bannis de France.

1307 Les Suisses se soulèvent contre Albert d'Autriche. Confédération helvétique fondée par
Stauffacher, Melchtal et Walter-Fust.

1308 Le parlement d'Angleterre s'empare de l'autorité législative.

1309 L'Écosse se révolte contre l'Angleterre. Robert
Bruce est proclamé roi.

1314 Supplice des templiers. Ils sont brûlés à Paris
dans une île de la Seine.
— Mort du pape Clément V.
— Mort de Philippe-le-Bel. Son fils, Louis X, le
Hutin, lui succède.

1316 Mort de Louis-le-Hutin. Son fils, Jean Ier, lui
succède. Il ne vit que cinq jours. Philippe V,
le Long, devient roi et meurt en 1322.
Charles IV, dit le Bel, son frère, lui succède.

1332 Le brasseur Artevelle fait soulever les Flamands.

1339 Commencement des doges de Gênes.

1346 Bataille de Crécy gagnée par Édouard III
d'Angleterre. Plus de trente mille Français
périssent dans cette journée.

1347 Rienzi, tribun de Rome, veut rétablir la république et soulever l'Italie.

1350 Mort de Philippe VI de Valois. Son fils, Jean II,
lui succède.

135 Bataille de Poitiers gagnée par le prince de
Galles. Le roi Jean est fait prisonnier.

— États-généraux. Les Français refusent de
payer l'impôt s'il n'a pas été consenti par
cette assemblée.

1358 Le prévôt Marcel dirige l'insurrection contre
le dauphin. Commencement de la *jacquerie*,
ou organisation armée du peuple contre la
noblesse.

1359 Les états-généraux refusent de signer l'humi-
liant traité conclu entre les Anglais et le roi
Jean.

1360 Traité de Brétigny. Le roi Jean revient en
France. Fondation de la bibliothèque royale.

1361 Les Turcs s'établissent en Europe. Le duché
de Bourgogne, et les comtés de Champagne
et de Toulouse sont réunis à la couronne de
France, ainsi que le duché de Normandie
l'année suivante.

— Conquêtes de Tamerlan.

1364 Le roi Jean meurt à Londres. Son fils, Charles V,
dit le Sage, lui succède.

1369 Guerre entre Charles V et Édouard III.

1370 Fin de la dynastie des rois Piasts en Pologne.

1377 Mort d'Édouard III, roi d'Angleterre. Son petit-fils, Richard, lui succède.

1378 Mort de Grégoire XI. À cette époque il y avait
deux papes, Urbain IV et Clément VII.

1380 Mort de Charles V. Son fils, Charles VI, lui
succède au trône de France.

1386 Jagellon, grand duc de Lithuanie, est élu roi
de Pologne. Introduction du christianisme
en Lithuanie.

1397 États de Calmar. Les trois couronnes de Suède,
de Dancmarck et de Norwége sont conférées
à Marguerite de Waldemar.

— Siége de Constantinople par Bajazet. L'empereur Manuel II lui paie tribut.

1402 Bataille d'Ancyre, où Bajazet est fait prisonnier par Tamerlan.

— Tamerlan, après une foule de victoires et de
conquêtes, devient maître de l'Asie, de l'A-
frique et d'une partie de l'Europe.

1411 Pendant la démence de Charles VI, les factions dites des Armagnacs et des Bourguignons déchirent la France.

1415 Bataille d'Azincourt, gagnée contre les Français par Henri V. La plus grande partie de la
noblesse y périt.

1417 Les Hussites ou partisans de Jean Hus, brûlés
comme hérétiques, ravagent la Bohême.

1422 Henri V, roi d'Angleterre, meurt. Mort de
Charles VI. Pendant le règne de ce malheu-
reux roi, toutes sortes de calamités désolent
la France.

1428 Siége d'Orléans par les Anglais.

1429 Une jeune paysanne, nommée Jeanne d'Arc,
fait lever le siége d'Orléans. Charles VII est
couronné à Rheims.

1430 Jeanne d'Arc est prise par les Anglais et brûlée à Rouen comme sorcière.

1443 Croisade en Hongrie contre les Turcs. Jean
Huniade défait les Mahométans dans une
grande bataille.

1447-1448 Avénement de la dynastie d'Oldenbourg
en Danemarck. Commencement de la maison
de Sforce au duché de Milan.

1450 Invention de l'imprimerie, par Jean Faust,
Pierre Schœffer et Jean de Guttemberg,
gentilhomme de Mayence. On l'attribue aussi
à Jean Mentel, de Strasbourg, en 1437, et
à Jean Laurent Coster, de Harlem, en 1420.

1451 Conquête de la Guyenne par Charles VII.
Le sol français devient libre.

1452 Guerres civiles de la *rose blanche* et de la
rose rouge en Angleterre.

1453 Prise de Constantinople par Mahomet II, sul-
tan des Turcs. L'empereur Constantin suc-
comba avec courage. Fin de l'empire grec
d'Orient.

1460 Bataille de Wakefield, où Marguerite d'Anjou,
femme de Henri VI, attaque le duc d'Yorck,
qui est tué.

— Charles VII, craignant d'être empoisonné par
son fils, Louis XI, se laisse mourir de faim.

1465 Bataille de Montlhéry, livrée à Louis XI,
par les chefs de la ligue aristocratique dite
du *bien public.*

1468 Mariage d'Isabelle et de Ferdinand-le-Catholique. Réunion des trois royaumes d'Aragon, de Léon et de Castille.

1470 Mort de Charles VII, roi de Suède. Interrègne.

1474 Le roi d'Angleterre, Charles-le-Téméraire, duc de Bourgogne, et le duc de Bretagne se liguent contre Louis XI.

1476 Bataille de Morat, où Charles de Bourgogne est défait par les Suisses.

1477 Charles-le-Téméraire est tué au siége de Nanci.

1483 Mort de Louis XI. Son fils, Charles VIII, lui succède. Louis XI, dont on a flétri la mémoire, fut un roi populaire. Il détruisit l'aristocratie féodale, et prépara ainsi l'émancipation totale de l'esprit populaire.

1486 Bataille de Saint-Aubin-du-Cormier, où le duc d'Orléans (plus tard Louis XII) est fait prisonnier.

1492 Conquête du royaume de Grenade, par Ferdinand-le-Catholique et Isabelle. Ici finit la domination des Maures en Espagne.

— Découverte du Nouveau-Monde, par Christophe Colomb, Génois, parti sous les auspices de Ferdinand et d'Isabelle.

1494 Charles VIII, parti pour la conquête de Naples, est arrêté à son retour en France, par les troupes de l'empereur Maximilien et les Vénitiens. Bataille de Fornoue, gagnée par Charles VIII. Il opère sa retraite.

1497 Améric Vespuce reconnaît le continent de l'Amérique méridionale, qui prit son nom.

1498 Mort de Charles VIII. Louis, duc d'Orléans, lui succède sous le nom de Louis XII.

1499 Conquête du Milanais par Louis XII.

1503 Mort d'Alexandre VI, Borgia, surnommé le Néron de la papauté.

1509 Mort de Henri VII, roi d'Angleterre ; son fils, Henri VIII, lui succède.

1512 Bataille de Ravenne, gagnée par Gaston de Foix, sur les Espagnols.

1513 Mort de Jules II, qui avait ligué toute l'Europe contre Louis XII. Léon X lui succède.

1514 La Suisse se forme en treize cantons.

1515 Mort de Louis XII, le meilleur roi qu'ait eu la France. François Ier lui succède. Il entre en Italie et gagne la bataille de Marignan.

1516 Mort de Ferdinand - le - Catholique. Charles-Quint lui succède.

1517 Troubles en Allemagne, excités par la vente des indulgences, autorisées par le pape Léon X.

1518 Luther, moine augustin, prêche contre les indulgences. Il est cité à Rome. Il en appelle au futur concile.

1519 Mort de l'empereur Maximilien. Charles Ier, son petit-fils, appelé aussi Charles-Quint, est élu malgré François Ier.

Pendant cette période, la résistance des souverains aux prétentions despotiques des papes s'organise. Philippe-le-Bel, en France, se rit de l'excommunication de Boniface VIII ; les agens du roi s'emparent du pontife, qui bientôt meurt dévoré par la rage. Les schismes divisent l'église ; et la papauté, avilie, déshonorée par les Borgia, va bientôt recevoir de rudes échecs par les prédications d'un moine de Cologne, Luther, qui eut pour prédécesseur, dans son œuvre de réforme, Jean Hus, et pour soutiens Calvin et Zwingle.

En Europe, l'émancipation communale se poursuit à mesure que la féodalité s'affaiblit. Sous Philippe-le-Bel, aux états-généraux de 1302, le tiers-état est admis à participer aux délibérations pour la réforme de l'état. L'esprit populaire fit d'immenses progrès pendant ces cinquante années. Aux états de 1355, le tiers-état dicta des lois aux deux autres ordres.

Les découvertes de Roger Bacon, l'invention de la poudre à canon, de l'imprimerie, et la découverte du Nouveau-Monde, servent merveilleusement les progrès de l'esprit humain. Les lettres et les arts, qui, pendant toute cette période, ont pris de rapides accroissemens, recommencent à fleurir sous Louis XII et François Ier.

§ IX. — *Depuis la renaissance des sciences et des lettres jusqu'au commencement de la révolution française.*

1519 Fernand Cortez commence la conquête du Mexique.

1519. Zwingle de Zurich commence à prêcher sa doctrine.

1521 Guerre entre François Ier et Charles-Quint.

1525 Bataille de Pavie, où François Ier est fait prisonnier.

1526 Jean Bockhold, dit Jean de Leide, chef des anabaptistes, prêche sa doctrine en Allemagne.

1527 Prise de Rome par le connétable de Bourbon.

1530 Diète d'Augsbourg, où les protestans présentent leur profession de foi, nommée *Confession d'Augsbourg*.

1538 On brise en Angleterre toutes les images des saints.

1542 Mort de Jacques V, roi d'Écosse. Marie Stuart encore au berceau, lui succède.

— Nouvelle guerre entre François Ier et Charles-Quint.

1547 Mort de Henri VIII. Édouard IV lui succède.

— Mort de François Ier. Son fils, Henri II, lui succède.

1551 Union de Henri II, de Maurice de Saxe et d'Albert de Brandebourg contre Charles-Quint.

1555 Charles-Quint abdique la couronne d'Espagne. L'année suivante, il se démet également de l'empire.

1558 Marie Stuart épouse François, dauphin de France.

1558 Jules Scaliger invente la période julienne.

1559 Mo.t de Henri II. Son fils, François II, lui succède.

1560 Conjuration d'Amboise. On tente de s'emparer
de François II. Il meurt cette même année.
Son frè e, Charles IX, monte sur le trône.

— Ligue des gentilshommes Flamands, nommés
par la cour *les gueux*. Ils veulent s'opposer
aux inquisiteurs espagnols.

1563 Fin du concile de Trente qui dura dix-huit
ans.

1567 Seconde guerre de religion.

1569 Bataille de Jarnac, gagnée par le duc d'Anjou
sur les Huguenots.

— Révolte des Pays-Bas contre l'Espagne.

1572 Massacre de la Saint-Barthélemy, où périrent
plus de quatre-vingt mille individus. Le nom
français devient en horreur à l'Europe entière.

1573 Quatrième guerre civile. Charles IX meurt à
vingt-quatre ans dévoré de remords. Son
frère lui succède sous le nom de Henri III.

1485 Mort du pape Grégoire XIII, protecteur des
Jésuites. Sixte-Quint lui succède.

1587 Après dix-neuf ans de captivité, Marie Stuart
est décapitée à Londres.

1588 Journée des barricades. Les ligueurs sont
maîtres de Paris.

1589 Henri III est assassiné par un moine, nommé
Jacques Clément.

1593 La ligue est vaincue. Henri IV abjure le pro-
testantisme, et est reconnu roi.

1601 Tyco-Brahé publie son système astronomique.

1603 Les jésuites, bannis de France par arrêt du
parlement, y sont rétablis.

1609 Philippe III chasse neuf cent mille Maures
de l'Espagne.

1610 Henri IV est assassiné par Ravaillac.

1614 Assemblée des états-généraux. Ce sont les
derniers qui furent tenus jusqu'en 1789.

1617 Le premier ministre Concino-Concini est assassiné dans le Louvre par ordre de Louis XIII.

1621 Mort de Philippe III, roi d'Espagne. Son fils,
Philippe IV, lui succède.

1627 Siége de La Rochelle, contre les huguenots,
par Richelieu.

— Mort de Shah-Abbas ou le Grand, roi de
Perse.

1632 Bataille de Lutzen gagnée par Gustave-Adolphe, roi de Suède. Il y perd la vie.

1638 La chambre des communes d'Angleterre blâme
la conduite du roi Charles Ier.

1642 Mort du cardinal de Richelieu; Mazarin lui
succède au ministère. Richelieu abaissa les
grands, et acheva l'ouvrage commencé par
Louis XI, l'anéantissement de l'aristocratie
en France.

1643 Mort de Louis XIII. Anne d'Autriche a la régence et la tutelle de Louis XIV, âgé de cinq
ans.

1647 Les troupes de Charles Ier sont battues su
    tous les points, lui-même est fait prison
    nier. Cromwel entre à Londres.

— Soulèvement en France contre Mazarin.

— Révolution à Naples, opérée par un pêcheur
    nommé Mas'Aniello, vulgairement Mazaniello.

— Paix de Westphalie qui termine la guerre dite
    de trente ans.

1649 Charles Ier est décapité à Witc - Hall (Ouaïf-
    Aul), petite place de Londres. La royauté est
    abolie en Angleterre.

— Les Frondeurs sont maîtres de Paris. Louis XIV
    est forcé de fuir à Saint-Germain. Peu de
    temps après il rentre à Paris.

Pendant la première partie de cette époque, le catholicisme s'affaiblit et se voit même remplacé dans plusieurs états par une religion nouvelle. A la tête des réformateurs, Luther vint arracher à la cour de Rome un pouvoir dont le despotisme était devenu intolérable. Une foule de sectes sortirent de la sienne. Zwingle, en Suisse, et Calvin, en France, prêchèrent la réforme ; tous deux furent persécutés et bannis, ce qui n'empêcha pas leurs doctrines de s'y propager et de trouver de nombreux partisans.

L'esprit populaire, que nous avons vu progresser rapidement dans la période précédente, a pris encore dans celle-ci de nouveaux accroissemens, par l'anéantissement complet de la féodalité, et l'abaissement de la noblesse par Richelieu. L'année 1647 fut remarquable par la révolution d'Angleterre, le soulèvement dit de la *Fronde*, contre Mazarin, en France, et par la révolution de Naples.

Les lettres et les arts fleurissent; la philosophie, presqu'éteinte dans les disputes et les ergotismes scholastiques, se releva avec éclat en Angleterre par le chancelier Bacon, et en France par Réné Descartes, qui vont renverser le grossier échafaudage élevé par les pédans des écoles. Les sciences positives s'enrichirent des découvertes astronomiques de Galilée, qui fut jeté dans les cachots de l'inquisition, pour avoir osé dire que la terre tournait; de celles de Képler, de Tyco-Brahé et de Métius qui inventa la lunette télescopique. L'histoire trouva de dignes interprètes dans Grotius Marsham et Mézeray. Enfin, es sciences et les lettres firent encore de rapides rog ès, jusqu'aux philosophes, qui, en les populuisant, préparèrent la révolution française.

49 Les Tartares Mandhuis ou Mant-scheoux s'établissent en Chine.

1653 Cromwel dissout le parlement. Il refuse le titre de roi; il prend celui de protecteur de la république d'Angleterre.

1657 Mort de l'empereur Ferdinand III; son fils Léopold est élu dans la diète de Francfort.

1658 Mort de Cromwel; son fils lui succède dans le protectorat de l'Angleterre.

1659 Restauration des Stuarts. Traité des Pyrénées entre Louis XIV et Philippe IV.

1660 Révolution de Danemarck. rétablissement du pouvoir absolu.

1661 Mort de Mazarin. Colbert est ministre.

1668 Conquête de la Franche-Comté par Louis XIV.

1672 Guerre de Louis XIV contre la Hollande.

1675 Campagnes de Turenne en Allemagne.

— Conspiration des jésuites et des partisans du papisme en Angleterre. Ils étaient accusés de vouloir détrôner Charles II et de le remplacer par le duc d'York, depuis Jacques II, attaché au catholicisme.

1676 Le parlement d'Angleterre déclare le duc d'Yorck incapable de succéder jamais au trône d'Angleterre.

1678 Paix de Nimègue (en Hollande), entre la France, la Hollande et l'Espagne.

1680 Réunion des fiefs de l'Alsace et des Trois-Évêchés à la France.

— Établissement d'une chaire de droit public à Paris. Ce fut le commencement de l'école de droit.

1681 Colbert fait achever et perfectionner les ports de Brest et de Toulon. Il fait exécuter le projet d'un méridien en France, et corriger les erreurs de latitude.

1682 Mort de Colbert. Sous son ministère l'état physique de Paris s'améliora beaucoup. On construisit les places Vendômes et des Victoires, les ponts Royal et de la Tournelle, les portes Saint-Martin et Saint-Denis, eu-

fin l'Observatoire et la manufacture des Go-
belins.

1684 Trève de vingt ans, conclue à Ratisbonne,
entre la France, l'Espagne et l'empire.

— Massacre horrible des protestans dans les Cévennes, exécutés par ordre du roi, et
connus dans l'histoire sous le nom de *dra-
gonades.*

1685 Mort de Charles II, roi d'Angleterre. Le duc
d'Yorck lui succède. Résistance du duc de
Montmouth.

— Révocation, par Louis XIV, de l'édit de Nantes, accordé par Henri IV, en faveur des
protestans. La révocation de cet édit chasse
de France une foule d'artistes, de fabricans
et de négocians, qui vont porter à l'étran-
ger leurs arts et leur industrie.

1687 Publication du système de Newton. L'attrac-
tion des corps est démontrée. Il explique
les lois des mouvemens données par Képler; il donne les élémens du calcul diffé-
rentiel.

1688 Révolution d'Angleterre. Les protestans, persécutés par Jacques II, appellent Guillaume III, prince d'Orange. Le parlement
lui défère la couronne. Fuite de Jacques II
en France. Louis XIV le fait embarquer pour
l'Irlande qu'il cherche à soulever en sa faveur.

1696 Siége et prise d'Asow par le czar Pierre. Naissance de la marine russe.

1697 Mort de Charles XI, roi de Suède. Charles XII, son fils, lui succède à l'âge de quinze ans.

— Paix de Riswick entre la France, l'Angleterre, la Hollande, l'Espagne et l'empire.

1700 Mort de Charles II, roi d'Espagne, dernier prince de la maison d'Autriche. Par son testament il lègue la couronne d'Espagne au petit-fils de Louis XIV. Guerre dite de la succession, entre la France, l'Angleterre, l'empire et la Hollande.

1702 Mort de Guillaume III, roi d'Angleterre.

1703 Soulèvement des calvinistes, connus sous le nom de Camisards des Cévennes.

— Fondation de Saint-Pétersbourg.

1707 Bataille d'Almanza, où les Anglais et les Portugais sont défaits par le maréchal de Berwick. Cette victoire assure la couronne d'Espagne à Philippe V, petit-fils de Louis XIV.

1709 Les Français sont complètement battus à Malplaquets (près Maubeuge), par Marlborough.

1712 Ouverture du congrès d'Utrecht pour la pacification générale de l'Europe.

1713 Paix d'Utrecht entre la France et les alliés, l'empereur excepté. Un traité est signé à Rastadt, entre ces deux puissances, en 1714.

1715 Mort de Louis XIV après un règne de plus de soixante-douze ans. Son arrière petit-fils lui succède sous le nom de Louis XV. Louis XIV, dont on s'est plu à faire un grand éloge depuis deux siècles, est peut-être le plus mauvais roi qu'ait eu la France. Il chercha toujours à humilier les parlemens, faibles dépositaires des libertés publiques. Il laisse, à sa mort, la France grevée de plus de trois milliards de dette, et le peuple tellement appauvri qu'il était incapable de payer les impôts. Le parlement casse le testament de ce roi et défère la régence au duc d'Orléans.

1716 L'Écossais Law établit en France son système de finance.

1718 Alliance entre la France, l'empire, l'Angleterre et la Hollande.

1720 Law, inventeur du papier-monnaie, et qui avait été nommé contrôleur-général des finances, est disgracié après avoir opéré une révolution financière des plus désastreuses.

— Peste de Marseille, où périrent plus de vingt mille personnes.

1722 Majorité de Louis XV. Le duc d'Orléans, le régent, meurt l'année suivante.

1725 Mort de Pierre-le-Grand. Catherine, sa femme, est proclamée impératrice.

1727 Mort de Newton. Il est enterré à l'abbaye de Westminster (a Londres), lieu de la sépulture des rois d'Angleterre.

1729 Révolte des Corses contre les Génois. Les commissaires génois sont battus de verges.

1731 Conquêtes de Thamas-Kouli khan, sur les Turcs ottomans.

1733 Mort d'Auguste II, roi de Pologne. Élection de Stanislas Leczinski et d'Auguste III. Guerre dite de la succession de Pologne.

1739 Guerre entre l'Espagne et l'Angleterre pour le commerce de l'Amérique.

1740 Mort du pape Clément XII. Benoît XIV est élu à la ch..e pontificale.

1743 Mort du cardinal de Fleury, premier ministre de Louis XV.

1745 Bataille de Fontenoy gagnée par les Français sur les Anglais et les Hollandais.

1746 Édouard, dernier membre de la famille des Stuarts, dit le Prétendant, gagne deux batailles, puis, battu à Culloden, il est forcé d'abandonner l'Écosse. Il retourne en France, puis va mourir en Italie.

1748 Paix générale d'Aix-la-Chapelle.

1755 Tremblement de terre à Lisbonne. Un tiers de la ville fut renversé; plus de trente mille personnes périrent.

1757 Louis XV est frappé d'un coup de couteau par un nommé Damien.

— Bataille de Rosbach où les Français sont battus par le roi de Prusse.

1759 Publication de l'*Encyclopédie* par Joseph Panckoucke. Ce vaste et utile résumé des connaissances humaines servit à l'éducation de la génération existante.

1760 Mort de Georges II, roi d'Angleterre. Son petit-fils, Georges III, lui succède.

1762 Mort d'Élisabeth, impératrice des Russies.
Pierre III, son neveu, lui succède. Catherine, femme de Pierre, le fait empoisonner
par Orloff, son amant, et se fait proclamer
impératrice sous le nom de Catherine II.

1763 Paix entre la France, l'Espagne, le Portugal
et l'Angleterre.

1765 Mort de l'empereur François Ier. Joseph II,
son fils, lui succède.

1769 Mort du pape Clément XIII. Ganganelli lui
succède sous le nom de Grégoire XIV.

— Premier voyage du capitaine Cook. Il reconnaît les îles d'Otaïti, la Nouvelle-Zélande,
la Nouvelle-Hollande et la Nouvelle Guinée.

1772 Révolution en Suède. Gustave III secoue l'autorité du sénat.

— Cook part pour son second voyage autour du
monde.

1773 Suppression des jésuites par le pape Clément XIV.

1774 Mort de Louis XV après un règne souillé de
honteux excès.

1775 Le savant naturaliste suédois, Linné, déve-
loppe le système sexuel des plantes.

1776 Règne de Louis XVI. Il abolit les corvées.

— (4 octobre). Révolution d'Amérique. Les re
présentans des États-Unis d'Amérique, réunis
en une assemblée, dite *convention natio-*

nale; adoptent pour gouvernement la forme républicaine. Ils rédigent un acte fédératif qui unit les différens états de l'Amérique du nord en une confédération perpétuelle. Cet acte solennel est précédé d'une déclaration des droits de l'homme rédigée par Benjamin Franklin, John Adams et Thomas Jefferson. Cette déclaration porte en substance que les hommes sont égaux, en vertu de droits imprescriptibles et inaliénables; que les gouvernemens ne sont institués que pour s'assurer de la jouissance de ces droits; que l'autorité émane des gouvernés, et ne peut subsister que par leur consentement; qu'enfin le peuple seul a toujours le droit de changer, de modifier ou abolir sa constitution et les pouvoirs qui ne lui paraissent pas propres à assurer sa liberté ou son bonheur.

1778 Traité d'alliance signée entre la France et les États-Unis d'Amérique. Plusieurs officiers français, M. de Lafayette, entre autres, partent pour offrir leurs secours aux insurgés.

— Mort de Voltaire et de Jean-Jacques Rousseau.

1781 Publication du compte-rendu par Necker, ministre de Louis XVI.

— Lord Cornwallis, général anglais, est forcé de capituler dans Yorck-Town. Cette ville est prise par les forces américaines et françaises, commandées par Washington et Rochambeau.

1783 Traité de paix entre la France, les États-Unis

d'Amérique, l'Espagne et l'Angleterre. L'Angleterre reconnaît définitivement l'indépendance de l'Amérique.

1780 Voyage de Lapérouse autour du monde ; il s'avance jusqu'au 60e degré et arrive jusqu'à Macao.

— Mort de Frédéric-le-Grand, roi de Prusse.

1787 Première assemblée des notables (22 février) pour la réforme de l'état. On se sépare sans avoir rien fait de remarquable.

— Exil de Necker. Calonne, ministre des finances, est remplacé par Loménie de Brienne, archevêque de Sens. L'embarras financier augmente chaque jour.

1788 Seconde assemblée des notables (6 novembre) pour la convocation des états-généraux fixés au 1er juin 1789. Le parlement réclame l'abolition des lettres de cachet, la liberté de la presse et la responsabilité des ministres.

1789 Commencement de la révolution française.

— 20 juin. Les députés du tiers-état, à qui Louis XVI avait fait fermer la salle de leurs séances, s'assemblent dans un jeu de paume, à Versailles, sous la présidence de Bailly, et jurent de ne se séparer qu'après avoir donné une constitution libre à la France.

— 14 juillet. Prise de la Bastille par le peuple de Paris ; Bailly est nommé maire de Paris, et Lafayette, à qui les campagnes républicaines de la guerre d'Amérique ont fait

une grande réputation, commandant de la
force armée de Paris.

1789 Louis XVI reçoit (17 juillet) de Bailly, maire
de Paris, la cocarde tricolore, signe distinc-
tif de la révolution.

— Commencement de l'émigration de la noblesse
à Coblentz. A la tête de l'émigration se trouve
le comte d'Artois, depuis Charles X.

— 4 août. Les états-généraux qui ont pris le titre
d'assemblée nationale, abolissent les droits
féodaux et les priviléges de la noblesse, et
proclament la liberté de la presse et la liberté religieuse.

— 30 novembre. Réunion de la Corse à la France.

§ X. — *Depuis le commencement de la révolution
française jusqu'en 1832.*

1790 Division du territoire de la France en quatre-
vingt-trois départemens. Première création
des assignats.

— Mort de l'empereur Joseph II. Son frère, Léopold II, lui succède en Autriche; il est élu
empereur d'Allemagne.

— 4 février. Le roi, Louis XVI, se rend à l'assemblée nationale, et jure fidélité à la
constitution.

— Les juifs sont admis aux droits de citoyens
français.

— Établissement du jury dans les procédures cri-
minelles.

1790 14 juillet. Anniversaire de la prise de la Bastille. Fédération du peuple français au Champ-
de-Mars.

1791 Première coalition contre la France, entre la
Suède, la Russie, l'Espagne et la Sar-
daigne.

— 2 avril. Mort de Mirabeau, à Paris. Ses funé-
railles sont célébrées avec une grande pompe,
tout le peuple de Paris y assiste.

— 20 juin. Fuite du roi Louis XVI. Il est arrêté à
Varennes, le 22 juin.

— Commencement des troubles de la Vendée.

— 30 septembre. L'assemblée nationale, qui avait
pris ensuite le titre d'assemblée constituante,
termine ses séances.

— 1er octobre, installation de l'assemblée législative.

— Révolution de Pologne. La couronne est déclarée héréditaire.

— Traité de Pilnitz, entre l'empereur et le roi
de Prusse, pour rétablir le pouvoir absolu
en France.

— Insurrection des nègres à Saint-Domingue. Les
habitations des colons sont incendiées.

1792 Assassinat de Gustave III, roi de Suède. Son
fils, Gustave-Adolphe II, est mis sur le
trône sous la régence du duc de Suderma-
nie, son oncle.

— 20 juin. Le peuple de Paris se rend aux Tuileries, pour forcer Louis XVI à sanctionner

les décrets de l'assemblée contre les prêtres
et les émigrés.

1792 10 août. Le peuple, un bataillon de Marseil-
lais en tête, s'empare des Tuileries. Le roi
et sa famille, qui avaient cherché un asile
au sein de l'assemblée législative, sont conduits à la prison du Temple.

— 19 août. Les Prussiens pénètrent en France et
s'emparent de Longwi.

— 2 septembre. Des nobles, des prêtres et des
conspirateurs contre-révolutionnaires sont
mis à mort dans les prisons de Paris.

— Prise de Verdun par le roi de Prusse.

— 20 septembre. Bataille de Valmy, gagnée
par le général républicain Kellermann, sur
les Prussiens.

— 21 septembre. Les députés de la France, réunis
en convention nationale, abolissent la royauté
et proclament unanimement la république.
Commencement de l'ère républicaine.

— 6 novembre. Bataille de Jemmapes, gagnée
par Dumouriez. La Belgique tombe au pouvoir des Français.

1793 Le procès de l'ex-roi, qui avait commencé le
10 décembre de l'année précédente, est terminé le 18 janvier. La convention nationale
décrète que Louis XVI est coupable de conspiration contre la liberté et la nation, et le
condamne à mort.

— 21 janvier. Louis XVI subit sa peine à dix heu-

rés et demie du matin, sur la place de la Révolution à Paris.

1793 10 mars. Établissement du tribunal révolutionnaire pour juger les crimes de lè-énation.

— Création du comité de salut public.

— 31 mai. Insurrection populaire contre les Girondins. On nommait ainsi plusieurs députés
qui, sous une apparence de républicanisme,
voulaient rétablir la démocratie royale de
1791, et qui, dans le procès de Louis XVI
avaient fait tout leur possible pour éloigner
de lui une sentence de mort. Ce parti re-
connaissait pour chefs les députés du département de la Gironde.

— 13 juillet. Assassinat de Marat, par Charlotte
Corday. Elle est condamnée à mort par le
tribunal révolutionnaire.

— 9 octobre. La ville de Lyon, qui s'était insurgée
contre la convention nationale, est prise
par les républicains; elle reçoit le nom de
Commune-Affranchie.

— 16 octobre. Marie-Antoinette, femme de l'ex-
roi, est condamnée à mort et exécutée.

— 31 octobre. Vingt-deux députés girondins, reconnus coupables de vouloir le rétablissement de la royauté, sont condamnés à mort
et exécutés.

— 18 décembre. Prise de Toulon par l'armée
républicaine. C'est la première fois qu'il
est question de Bonaparte.

— 91 —

1794 26 juin. Bataille de Fleurus, gagnée par le général Jourdan sur les Autrichiens.
— Journée du 9 thermidor (29 juillet). Les députés républicains purs montagnards sont
renversés par la partie royaliste de la convention, formée de débris du parti girondin et de
plusieurs autres factions, qui prirent le nom
de thermidoriens. Mort des deux Robes-
pierre, de Saint-Just, Couthon et Lebas.
Réaction royaliste, dite thermidorienne.
— Insurrection dans Varsovie. Bataille de Mat-
siewicz, où les Polonais sont taillés en pièces par les Russes. Kosciusko est fait prisonnier. Fin de la Pologne.
1795 Les Français se rendent maîtres de la Hollande.
Formation de la république batave.
— Création de l'institut de France pour remplacer les anciennes académies.
— Journée du 1ᵉʳ prairial an III (20 mai 1795).
Une insurrection éclate au faubourg Saint-
Antoine. Trente mille hommes marchent
contre la convention, présidée par Boissy-
d'Anglas. Ils pénètrent dans son sein, en de-
mandant du pain et aux cris de : *Vive la
constitution de 93 !* Le député Féraud est
assassiné, et sa tête mise au bout d'une pique.
Le peuple se retire avec la promesse que la
constitution sera exécutée.
— 8 juin. Mort de l'ex-dauphin, dit Louis XVII,
dans la prison du Temple.

1795 27 juin. Les émigrés français, qui avaient débarqué à Quiberon (ville maritime du Morbihan), sont défaits et taillés en pièces.

— 22 août. La convention décrète une nouvelle constitution, dite de l'an III.

— Journée du 13 vendémiaire (5 octobre). Les sections royalistes marchent contre la convention. Barras, un des conventionnels, charge Bonaparte, officier qui s'était distingué au siége de Toulon, de commander l'artillerie. Les royalistes sont mitraillés sur les marches de l'église Saint-Roch.

— 26 octobre. La convention triomphante termine ses séances, après avoir fait accepter l'acte constitutionnel. Par cette nouvelle constitution, le corps législatif est divisé en deux conseils, celui des anciens et celui des cinq-cents. L'exercice du pouvoir exécutif est confié à un directoire composé de cinq membres.

1796 Le général Bonaparte est chargé du commandement en chef de l'armée d'Italie.

— 11 avril. Bataille de Montenotte, gagnée par Bonaparte sur les Piémontais et les Autrichiens.

— 3 août. Bataille de Castiglione, gagnée par Bonaparte, Augereau et Masséna.

— 15 novembre. Bataille d'Arcole, gagnée par les Français sur les Autrichiens.

1797 Préliminaires de paix entre la république française et l'empereur d'Autriche.

— Révolution de Venise. Établissement de la démocratie.

— Révolution de Gênes. Établissement de la république ligurienne.

— Journée du 18 fructidor (4 septembre). Une conspiration, formée dans le sein du conseil des anciens pour le rétablissement de la royauté, est découverte. Plusieurs députés et deux membres du directoire sont condamnés à la déportation.

— Traité de Campo-Formio entre la France et l'Autriche.

— Mort de Frédéric-Guillaume II, roi de Prusse. Son fils, Frédéric-Guillaume III, lui succède.

1798 Révolution à Rome. Le peuple abolit le gouvernement sacerdotal, et établit une république dirigée par cinq consuls.

— 19 mai. La flotte française, forte de quatre cents voiles, et commandée par Bonaparte et l'amiral Brueis, sort du port de Toulon pour la campagne d'Égypte.

— 1er juillet. L'armée française débarque à Alexandrie d'Égypte, dont elle s'empare.

— 21 juillet. Bataille des Pyramides, gagnée par les Français. Prise du Caire.

1799 Révolution a Naples. Érection de la république parthénopéenne. (Mot tiré d'un très ancien nom de Naples.)

1799 Seconde coalition contre la France, entre l'Autriche, la G ande-Bretagne, Naples, le Portugal, la Russie et la Turquie. Les Français évacuent l'Italie.

— 3 octobre. Bonaparte débarque à Fréjus.

— Journée du 18 brumaire (9 novembre). Le général Bonaparte se présente au conseil des cinq-cents, et veut le fo cer à se dissou.tre. Il est accueilli par les cris de : *Vive la république ! vive la constitution !* Les députés résistent, et restent sur leurs siéges. Les grenadiers entrent au pas de charge, et les forcent à s'enfuir par toutes les issues. Cet attentat contre la représentation nationale met fin à la constitution rép tblicaine de l'an III.

— 18 décembre. Bonaparte est nommé premier consul avec Lebrun et Cambacérès. On décrète la constitution consulaire, dite de l'an VIII.

1800 Le territoire français est divisé en préfectures et en arrondissemens.

— 14 juin. Bataille de Marengo, gagnée par le premier consul ; Desaix y est tué. L'Italie est reconquise par les Français.

— 24 décembre. Explosion de la machine infernale, dirigée contre le premier consul.

— Kléber, général en chef de l'armée française en Égypte, est assassiné par un jeune Syrien, nommé Souley-man,

1801. Traité de Lunéville entre la république française et l'empereur d'Autriche. Cession de toute la rive gauche du Rhin à la France.

— 23 mars. Paul Ier, empereur de Russie, est assassiné dans son palais par plusieurs conjurés, à la tête desquels était le comte de Pahlen. Son fils Alexandre lui succède. Il fait la paix avec l'Angleterre, et se déclare contre la France.

— 15 juillet. Concordat signé entre les consuls de la république française et le pape Pie VII. La religion catholique est rétablie en France.

1802. Bonaparte est nommé consul à vie. Il est proclamé président de la république italienne.

— 27 mars. Traité d'Amiens entre la France, l'Espagne, la Grande-Bretagne et la république batave.

— Une armée française, partie de France sous les ordres du général Leclerc, débarque à Saint-Domingue.

1803. Le gouvernement (23 janvier) change l'organisation de l'institut national. Désormais l'institut sera composé de quatre classes, savoir : 1º La classe des sciences physiques et mathématiques ; 2º la classe de la langue et de la littérature françaises ; 3º la classe d'histoire et de littérature anciennes ; 4º la classe des beaux-arts.

— On prépare une flotte à Boulogne pour opérer une descente en Angleterre.

1803 Révolution religieuse en Arabie. Sectes des
    wahabites et des wechabites. La secte des
    wechabites est opposée aux doctrines de
    l'islamisme ou mahométisme.

1804 Conjuration de Pichégru, de Georges Cadoudal,
    de Moreau et de plusieurs autres généraux
    contre le premier consul.

— 18 mars. Henri de Bourbon-Condé, duc d'En-
    ghien, impliqué dans la conspiration de
    Pichégru et Cadoudal, est arrêté à Etten-
    heim, et amené à Vincennes.

— 21 mars. Le duc d'Enghien est condamné à
    mort par une commission militaire, et fu-
    sillé dans les fossés de Vincennes.

— Publication du Code civil.

— 18 mai. Le sénat défère par un sénatus-con-
    sulte à Napoléon Bonaparte le titre d'empe-
    reur des Français, et établit dans sa fa-
    mille l'hérédité de la dignité impériale. Fin
    de la république française.

— 6 juin. Louis XVIII proteste à Varsovie con-
    tre l'élévation de Napoléon Bonaparte au
    trône de France.

— 10 juin. Le sénat, pour plaire à Napoléon,
    avait suspendu l'exercice du jury en France
    pendant deux ans pour les crimes ou atten-
    tats contre le premier consul. Un tribunal
    spécial est chargé de juger les individus im-
    pliqués dans la conspiration Cadoudal et
    Pichégru. Cadoudal et plusieurs autres sont

condamnés à mort. Le général republicain
Moreau est exilé. Il part pour les États-Unis
d'Amérique.

1804 En Arabie, les wahabites s'emparent de la
Mèque et de Médine.

— 2 décembre. Napoléon et Joséphine, sa femme,
sont sacrés par le pape, Pie VII, dans l'église
métropolitaine de Paris.

1805 17 mars. Napoléon reçoit la couronne d'Italie,
qui est déclarée héréditaire dans sa famille.

— Thomas Jefferson est réélu président de l'Union
américaine.

— Troisième coalition contre la France entre la
Russie, la Grande-Bretagne, la Suède, et le
royaume des Deux-Siciles.

— 26 mai. Napoléon est couronné roi d'Italie à
Milan.

— 21 octobre. Combat de Trafalgar, près du dé-
troit de Gibraltar, où les flottes française et
espagnole sont défaites par l'amiral anglais
Nelson, qui y perd la vie.

— 13 novembre. L'armée française entre à Vienne.

— 2 décembre. Bataille d'Austerlitz gagnée par
les Français. Les armées autrichienne et
russe sont presque entièrement détruites.

— Paix de Presbourg entre la France et l'Autriche.

1806 25 janvier. Mort de William Pitt.

— Conquête du royaume de Naples par les Français. Joseph Bonaparte est déclaré roi de
Naples et de Sicile.

1806 Louis Bonaparte est nommé par Napoléon, son frère, roi de Hollande.

— 12 juillet. Napoléon est proclamé protecteur de la Confédération, dite du Rhin. L'empereur François II renonce à son titre d'empereur d'Allemagne, et prend celui de François Ier, empereur d'Autriche.

— Quatrième coalition contre la France, entre la Grande-Bretagne, la Russie, la Prusse, la Suède et la Saxe.

— Bataille d'Iéna, gagnée par l'empereur Napoléon sur l'armée prussienne. Quinze jours après, les Français font leur entrée à Berlin.

1807 Bataille d'Eylau (8 février), où les armées russe et prussienne sont taillées en pièces par les Français.

— Les habitans de Buénos-Ayres se déclarent nation indépendante, à l'exemple de l'Amérique du Nord.

— 14 juin. Bataille de Friedland, gagnée par Napoléon sur les armées russe et prussienne.

— 26 juin. Entrevue des empereurs de France et de Russie sur le Niémen.

— Paix de Tilsitt entre la Russie et la France, entre la France et la Prusse.

— Fondation du royaume de Westphalie, en faveur de Jérome Napoléon.

— Bombardement et capitulation de Copenhague; les Anglais s'emparent de la flotte danoise.

— 26 novembre. L'armée française, commandée par le général Junot, arrive à Abrantès en

Portugal. Le 29, le prince royal part du Portugal pour le Brésil.

1808 Soulèvement du peuple de Madrid contre Charles IV, roi d'Espagne. Il est forcé d'abdiquer. Le prince des Asturies monte sur le trône, sous le nom de Ferdinand VII.

— Révolution à Constantinople; avénement de Mahmoud VI.

— 4 décembre. Les Français, commandés par Napoléon, rentrent à Madrid, qui s'était soulevée contre le roi Joseph, son frère.

1809 19 février. Prise de Saragosse, après vingt-cinq jours de tranchée.

— Révolution en Suède. Le 29 mars, abdication du roi Gustave-Adolphe.

— 13 mai. Seconde entrée des Français dans Vienne.

— Victoires d'Essling (22 mai) et de Wagram (6 juillet). Le maréchal Lannes est tué à la première de ces batailles.

— Le pape Pie VII lance une bulle d'excommunication contre Napoléon.

— 14 octobre. Traité de paix conclu entre la France et l'Autriche.

— Plusieurs états de l'Amérique méridionale se déclarent indépendans.

— Le sénat prononce la dissolution du mariage de l'empereur Napoléon et de l'impératrice Joséphine.

1810 Réunion des états du pape à l'empire français.

Rome est déclarée la seconde ville de l'empire.

1810 1er avril. Célébration du mariage de Napoléon et de l'impératrice Marie-Louise d'Autriche, à Saint-Cloud.

— Révolution de l'Amérique méridionale. Une junte indépendante s'établit à Maracaïbo.

— Un gouvernement indépendant de l'Espagne s'établit au Chili.

— Les habitans de la Floride se déclarent indépendans, sous la protection des États-Unis d'Amérique.

— Une révolution éclate au Mexique et à la Nouvelle-Grenade.

— Réunion de la Hollande à l'empire français. Amsterdam devient la troisième ville de l'empire.

— Les états suédois, sur la proposition du roi, déclarent héritier présomptif de la couronne Bernadotte, prince de Ponte-Corvo.

1811 Le prince de Galles est nommé régent d'Angleterre, attendu l'aliénation mentale de son père.

— 20 mars. Naissance de Napoléon-François-Charles-Joseph, fils de Napoléon et de Marie-Louise. Il est nommé roi de Rome.

— 26 juin. Sept provinces de l'Amérique méridionale signent un acte d'indépendance, et forment une république sous le nom de *provinces confédérées de Venezuela.*

1811 Le congrès des États-Unis déclare la guerre à l'Angleterre.

1812 Traité d'alliance, entre la France et l'Autriche, signé à Paris, le 14 mars.

— 9 mai. Napoléon part pour la campagne de Russie avec une armée de six cent mille hommes.

— 16 août. Bataille de Smolensk entre les Français et les Russes. Le 18, les Français entrent dans Smolensk.

— 7 septembre. Bataille de la Moskowa, gagnée par les Français. Le 14, les Français entrent à Moscou.

— 23 octobre. L'empereur est averti qu'une conspiration est tramée contre lui par trois généraux, Mallet, Guidal et Lahorie. Traduits devant une commission militaire, ils sont condamnés à la peine capitale, qu'ils subissent le 29 octobre.

— Combat de la Bérésina (5 décembre). L'armée française reste maîtresse du champ de bataille. Commencement des revers de l'armée française. Le thermomètre de Réaumur marque 19 degrés au-dessous de zéro. La cavalerie a perdu en peu de jours plus de 30,000 chevaux tués par le froid. Napoléon est de retour à Paris le 18 décembre, et apporte la nouvelle de ces affreux désastres.

1813 10 février. James Madisson est réélu président des États-Unis et Elbrig-Jarry vice-président.

1813 21 mars, traité d'alliance signé entre la Russie
et la Prusse, contre la France.

— 1er mai. Bataille de Lutzen, gagnée par l'armée française, commandée par Napoléon.

— 6 juin. Bataille sur le Niagara, près des lacs
Erié et Ontario, entre les Anglais et les troupes des États-Unis d'Amérique. Les Anglais
y sont repoussés et abandonnent l'Erié aux
Américains.

— 1er juillet. Congrès de Prague; on y traite de
la paix entre la France, la Russie et la Prusse.
Rien ne s'y conclut, et l'Autriche déclare la
guerre à la France.

— 4 août. Bolivar fait son entrée à Caracas; il est
nommé président de la république de Véné-
zuéla.

— 27 août. Bataille de Dresde, gagnée par l'armée française.

— 16 octobre. Bataille de Leipsick. Le champ de
bataille demeure aux Français.

— 1er décembre. Déclaration des puissances alliées
qui annonce qu'elles ne font pas la guerre à
la France, mais à son chef.

— 20 décembre. L'armée alliée entre en France.

1814 Batailles de Champaubert et de Montmirail, où
les alliés sont mis en déroute.

— 1er mars. Traité de Chaumont, entre la Russie,
l'Autriche, l'Angleterre et la Prusse. Elles
s'engagent à se secourir mutuellement pendant vingt années.

1814 La ville de Bordeaux reconnaît, par l'organe de
son maire, M. le comte de Lynch, Louis XVIII
comme roi de France.

— 30 mars. Bataille de Paris. La ville capitule ;
les alliés y entrent le lendemain.

— 4 avril. Publication de l'acte de déchéance de
Napoléon, prononcé par le sénat.

— 2 mai. Déclaration de Louis XVIII, à Saint-
Ouen. Il refuse de se soumettre aux condi-
tions que lui impose le sénat ; et donne les
bases d'une charte constitutionnelle.

— 4 juin. Louis XVIII annonce la signature de la
paix générale. Promulgation de la charte
constitutionnelle.

— 18 octobre. Ouverture du congrès de Vienne.

— Le gouvernement de Lima se déclare indépendant ; le Pérou est en pleine insurrection.

1815 1er mars. Napoléon, parti secrètement de l'île
d'Elbe, débarque à Cannes, département du
Var.

— 6 mars. Louis XVIII convoque les deux chambres ; il enjoint aux Français de marcher
contre Napoléon, et met sa tête à prix.

— Le 7 mars, Napoléon entre à Grenoble et le
10 à Lyon.

— 20 mars. Napoléon entre à Paris, à la tête des
troupes envoyées contre lui. Les Bourbons
sont proscrits par un décret de l'empereur.

— Révolution à Naples, contre Joachim Murat.

— Insurrection dans la Vendée.—Les Vendéens

sont taillés en pièces par le général Travot.

1815 1er juin. Assemblée dite du Champ-de-Mai. Proclamation de l'acte additionnel aux constitutions de l'empire.

— 18 juin. Bataille de Waterloo ou du Mont Saint-Jean. Les Français sont mis en pleine déroute par les alliés. La perte de cette bataille est généralement attribuée à la trahison.

— Seconde abdication de Napoléon en faveur de son fils, qui reçoit le nom de Napoléon II.

— Entrée de Louis XVIII à Paris, le 8 juillet. Il modifie la charte (13 juillet).

— Napoléon est reçu à bord du vaisseau anglais le *Bellerophon*, qui fait voile pour la Grande-Bretagne.

— Les alliés déclarent Napoléon leur prisonnier, et le confient à la garde du gouvernement britannique. Le 6, Napoléon est transféré sur le vaisseau *le Northumberland*, qui doit le transporter à Saint-Hélène.

— 26 septembre. Traité, dit de la *Sainte-Alliance*, signé à Paris, entre la Russie, la Prusse et l'Autriche. Ces trois puissances se promettent secours contre toutes tentatives révolutionnaires.

— Murat est fusillé par ordre du roi de Naples.

— 6 et 7 décembre. Le maréchal Ney est condamné, par la Chambre des pairs, à être fusillé, comme traître à la cause royale.

4816 Établissement des cours prévotales en France.
Réaction et massacres dans le Midi de la
France contre les patriotes.
— Louis XVIII accède au traité de la Sainte-Al-
liance.

1816 Révolution au Brésil contre le Portugal.

1818 Avénement de Bernadotte au trône de Suède,
sous le nom de Charles-Jean.

1820 Le duc de Berry est assassiné à la sortie de
l'Opéra, par Louvel (13 février).

1821 Mort de Napoléon à Sainte-Hélène, le 5 mai.
— Ouverture du congrès de Laybach.
— Révolution de la Grèce.
— Abolition de la noblesse en Norwége.
— Mort de la reine d'Angleterre, accusée d'adul-
tère par son mari.

1822 Tentative infructueuse du général Berton
pour renverser les Bourbons.
— Manuel, député de la Vendée est expulsé de
la chambre par une majorité du côté droit,
sur une motion faite par le député Labour-
donnaye.
— Révolution au Mexique.
— Expédition d'Espagne. Passage de la Bidassoa.
— Exécution de quatre patriotes, sergens de La
Rochelle, condamnés à mort pour conspiration contre les Bourbons.

1823 Prise de Cadix par les Français, commandés
par le duc d'Angoulême.

1823 Lord Byron débarque à Missolonghi. Il offre aux Grecs sa vie et sa fortune.

1824 Mort de lord Byron à Myssolonghi.

— Mort de Louis XVIII (16 septembre). Le comte d'Artois lui succède sous le nom de Charles X.

— Loi sur le sacrilège.

— Lois sur le droit d'aînesse et sur la liberté de la presse, dite *loi d'amour*, qui sont rejetées par les chambres. Elles avaient été présentées par M. de Peyronnet.

1827 Combat naval de Navarin entre les flottes réunies de Russie, de France et d'Angleterre contre la flotte turque, qui est incendiée.

— Chute du ministère Villèle. Élections libérales. Émeutes de la rue Saint-Denis, où les troupes de ligne tirent sur le peuple.

1829 Ministère du 8 août. L'opposition fait chaque jour de nouveaux progrès. La France se couvre d'associations pour le refus de l'impôt.

1830. Convocation des chambres. Adresse des 221. La chambre des députés est dissoute. Réélection des 221.

— Expédition d'Afrique. Combat de Torre-Chica, suivi de la prise d'Alger.

— Ordonnances du 25 juillet, qui suspendent la charte, la liberté de la presse, et prononcent la dissolution de la chambre des députés.

1830 *Révolution de juillet.* 27 juillet, protestation des journalistes contre les ordonnances. Réunion et protestation des députés. Le peuple prend les armes, et s'empare de l'Hôtel-de-Ville, le 28 juillet. Prise du Louvre et des Tuileries, le 29 juillet. La révolution est faite en trois jours. Gouvernement provisoire. Lafayette est nommé général en chef de la garde nationale de Paris.

— 2 août. Abdication de Charles X. Le duc d'Orléans, est nommé lieutenant-général du royaume.

— 3 août. Convocation des chambres. Le peuple se porte à Rambouillet, pour en chasser Charles X.

— 9 août. Les chambres défèrent la couronne au duc d'Orléans, qui prend le titre de Louis-Philippe Ier, roi des Français. Trente-trois députés s'opposent à cette nomination.

— Charles X et sa famille s'embarquent à Cherbourg pour Holy-Rood, en Écosse.

— 26, 27, 28 et 29 septembre. Révolution de Belgique. Les Hollandais et le prince Frédéric, fils du roi Guillaume, sont chassés de Bruxelles.

— 18 novembre. Révolution de Pologne. Le grand duc Constantin s'enfuit de Varsovie.

— Bataille de Grochow, où les Polonais mettent l'armée russe en déroute.

— 23 décembre. Les quatre ex-ministres, Polignac, Peyronnet, Chantelauze et Guernon-Ranville sont condamnés par la chambre des pairs, à la détention perpétuelle et à la mort civile. Ils sont conduits au fort de Ham.

1831 Léopold, duc de Saxe-Cobourg, est nommé roi par le congrès souverain de la Belgique.

— Bataille d'Ostrolenka entre les Russes et les Polonais. Bataille de Praga. Prise de Varsovie par les Russes, après neuf mois de combats héroïques.

1832 Mort de Champollion jeune.

— Invasion du choléra-morbus à Paris (27 mars).

— Mort de Goëthe à Weimar.

— Mort de Casimir Périer, du général Lamarque.

— Mort de Cuvier, de Chaptal, du baron Portal et de Serullas, membres de l'académie des sciences.

— Mort à Schœnbrun du duc de Reichstadt (Napoléon II) à l'âge de vingt-deux ans.

— Mort de Walter-Scott à Abotsford, en Écosse.

FIN.

CONDITIONS DE LA SOUSCRIPTION.

Le prix de l'abonnement, payable en souscrivant, est pour Paris de :

> 3o sous pour 6 volumes.
>
> 3 francs pour 12 volumes.
>
> 6 fr. pour 24 volumes.
>
> 25 fr. pour toute la collection sur pap. ordinaire,
>
> et 3o fr. sur papier vélin.

ET POUR LES DÉPARTEMENTS (franc de port).

> 2 francs 25 c. pour 6 volumes.
>
> 4 fr. 50 c. pour 12 volumes.
>
> 9 fr. pour 24 volumes.
>
> 4o fr. pour la collection (papier ordinaire).
>
> et 45 fr. pour la collection sur papier vélin.

(Cette augmentation considerable pour le seul transport n'est pourtant que la taxe rigoureusement exigée par l'administration des postes).

Le prix de chaque volume pris séparément sera de 6 sous sur papier ordinaire, et 8 sous sur papier vélin.

On s'abonne au bureau de la BIBLIOTHÈQUE POPULAIRE, *rue et place Saint-André-des-Arcs,* n° 3o, à Paris.

N. B. Les Bureaux sont ouverts tous les jours, depuis 8 h. du matin jusqu'à 8 h. du soir.

Les lettres et envois doivent être affranchis.

Imprimerie de Firmin Didot Frères, rue Jacob, n° 24.